크랙

크랙

초판 1쇄 발행 | 2025년 7월 7일

펴낸이 | 정상희
펴낸곳 | 프롬비
지은이 | 한재윤
편집 | 한지윤　**디자인** | 육일구디자인　**마케팅** | 임정진

등록 | 제 406-2019-000050호
주소 | 10881 경기도 파주시 문발로 140, 502호
전화 | 070-8822-2222　**팩스** | 0504-377-1075
전자우편 | jsh314@our-desig.com

ISBN | 979-11-88801-77-0 (03190)

무너진 틈에서
새로운 인생이 시작된다

크랙

프롬비

한재윤 지음

THE
CRACK

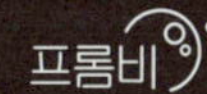
프롬비

차례

"제가 운이 좋은 것 같습니다."

대한민국 여자 양궁이 2024년 파리올림픽 단체전에서 금메달을 따내며 올림픽 10연패라는 전무후무한 기록을 세웠다. 현대차그룹은 1985년부터 40년간 대한민국 양궁을 지원했다. 대한양궁협회장과 아시아양궁연맹 회장을 맡은 정의선 현대차그룹 회장은 "승리의 요정 역할을 하고 계신 것 같다."는 기자의 말에 "제가 운이 좋은 것 같습니다."라고 답했다. 그러면서 "선수들이 워낙 잘해서 제가 거기에 묻혀 가고 있습니다.", "할 수 있는 건 뒤에서 다 할 생각입니다.”라고 말을 이었다.

토요타와 폭스바겐에 이어 세계 자동차 판매량 3위를 기록한 현대차그룹의 회장이 ‘운이 좋았다’라고 말하는 건 단순한 겸양의 표현일까? 전 국민이 알다시피 양궁 국가대표 선발전은 인맥이나 학연, 지연 따위가 전혀 개입할 틈 없이 공명정대하게 진행된다. 이미 국가대표로 선발됐음에도 도쿄올림픽이 코로나19로 인해 연기되자, 국가대표 선발전을 다시 열어 새로운 국가대표를 선출하는 등 지독할 정도로 실력만으로 선수를 평가하는 건 널리 알려진 사실이다.

스포츠협회의 각종 비리와 방만 경영 사이에서도 독야청청 우뚝 서 있는 곳이 양궁협회이며, 선수들에게 물심양면 어떤 지원을 해왔는지는 두말하면 입 아플 정도이다. 이렇듯 객관적이고 정량적으로 평가 가능한 노력과 지원이 있었음에도 정의선 회장은 단순히 ‘운이 좋았다’라고 말한다. 이 말을 어떻게 받아들여야 할까?

때때로 악당이 성공하는 경우를 본다. 능력이 출중한

것도 아니고 일머리가 대단한 것 같지도 않은데 마치 온 세상이 기다렸다는 듯 길을 열어주고, 운명이 도와주듯 성공이 쏟아져 들어오는 모습을 볼 수 있다. 그럴 때 주변 사람들은 말한다.

반대의 경우도 있다. 몸을 갈아 넣듯이 성실히 일하는 것은 물론, 능력도 출중한데 성공하지 못한 케이스다. 업계에서 경험과 실력을 충분히 쌓았고, 이쯤 되면 분명 가시적인 성과가 나타날 거라 모두가 기대하고 있음에도 뭔가 꼬이기만 한다. 마치 세상이 그 사람을 질투해서 성공을 방해라도 하듯 일이 안 풀리는 경우가 있다. 무능력자의 성공도 쉽사리 받아들이기 어렵지만, 성실하고 능력 있는 이의 거듭된 실패도 이해가 안 되는 건 마찬가지다.

재밌는 건 갑자기 벼락부자가 되듯 능력에 비해 크게 성공한 이들은 누가 봐도 운이 좋아 성공한 경우인데도, 본인 스스로는 결코 '운이 좋아서 잘 됐다'라고 말하지 않는다는 것이다. 물론 이들 역시 처음에는 주변을 의식해서 겸양의 모습을 보인다. 하지만 사석에서 만나 술이 두어 잔 들어가기 시작하면 결국 속엣것이 나오기 마련이다. 성공의 비결이 '자신의 뛰어난 촉'이라거나 '처음부터 잘 노리고 들어갔다'는 식으로 단언하는데, 듣다 보면 결국 '내가 잘된 건 내 탓'이라는 소리다.

반대로 누가 봐도 '성공할 사람이 성공했다'는 이를 술자리에서 만나면 절대 '성공은 내 탓'이라고 말하지 않는다. 어떻게 성공하게 되었느냐고 물으면 그저 웃으면서 "운이 좋았어요."라고 말할 뿐이다. 정말 성공의 이유가 그것뿐인지 집요하게 캐물으면 먼 산 바라보듯 상념에 젖은 얼굴로 고해성사하듯 말한다.

"처음에 뜻한 대로 안 될 땐 내가 이렇게까지 열심히 하는데 왜 일이 안 풀릴까 싶었죠. 흔히 전교 1등이 독서실에 가장 일찍 가서 가장 늦게 나온다고 하잖아요? 공부를 못하는 친구가 더 일찍 나와서 늦게까지 공부해야 하는데 정작 가장 열심히 하는 건 전교 1등이라고, 공부를 가장 잘하는 사람이 공부를 가장 오래하고 열심히 한다고 말하죠. 그런데 일이나 사업이라는 건 공부와 전혀 다르더군요. 만약 사업이 아니라 학교였다면 전교1등을 하고 남았을 만큼 열심히 했는데도 제 뜻대로 일이 안 풀리더라고요. 내 마음처럼 되는 게 하나도, 정말 단 한 개도 없는 거죠. 그러다 자포자기하고 '에라, 모르겠다' 싶을 때 신기하게도 일이 풀린 경험이 있어요.

처음엔 그저 우연인가 했는데 위기의 순간에 그런 우연 같은 일이 몇 번 반복되다 보니 내가 어찌할 수 없는 운이란 게 있나 싶더라고요. 그렇게 생각할 수밖에 없는 게, 제가 어떤 행위를 해서 그 결과로 일이 잘 풀리는 게 아니었어요. 정작 나는 손을 놓고 아무것도 안 하는데도 내가 상상했던 이상으로 일이 잘 풀렸거든요. 그때 느꼈죠. 아, 이래서 어른들이 '운칠기삼'이란 말씀을 하는구나. 맘 같아서는 운칠기삼이 아니라 운이 구, 기가 일이라고 하고 싶을 정도예요. 운구기일요.”

성공을 경험하고, 성공과 부를 잘 유지하는 사람들은 한결같이 '운이 좋아서' 성공했다고 입버릇처럼 말했다. 여기에서 핵심은 '성공과 부를 유지하고 있는 사람들'이 '운이 좋아서 성공했다'고 말한다는 것이다. 정작 운이 좋아서 성공하고 벼락부자가 된 게 뻔히 보이는 이들은 다 자기가 잘나서 일이 잘된 거라 생색을 내지만, 그런 이들은 시간이 흐른 후 자신이 이뤄낸 성공과 지위를 유지하지 못하고 결국 무너지는 경우가 많다. 언론에 소개될 정도로 크게 성공했으나 결국 사기 행각을 벌이고 해외로 도피하거나, 투자자들에게 줄줄이 고소를 당하거나, 몰려드는 부채를 감당할 수 없어 스스로 목숨을 끊는 경우까지 봤다.

하지만 운이 좋아서 성공했다고 말하는 부자들은 겸손의 표현이 아니라 정말 운이 좋았을 뿐이라고 진심으로 말하고 있었다. 그런 이들은 하나같이 자신에게 찾아온 행운의 결과를 유지하고 몇 배로 불려 나갔다. 그들에게서 찾은 성공의 비결 중 한 가지는 이렇다.

"과정은 인간의 영역이고, 결과는 신의 영역이다."

운이 좋아서 성공했을 뿐이라고 말하는 부자들은 자신이 결과를 조종할 수 없다는 걸 뼈저리게 느낀 이들이었다. 자신이 관여하고 바꿀 수 있는 건 과정뿐이다. 과정에 있어서는 최선을 다하고 입에서 단내가 날 때까지 몸을 불한 나라를 대표하는 국가대표 선수를 보면 이해하기 쉽다. 그 나라에서 최고의 선수로 뽑힌 1등 중의 1등이 바로 국가대표다. 그들은 인간의 영역인 과정에 있어서 단 한 점의 후회도 남지 않을 만큼 최선을 다한다. 하지만 결과인 올림픽 메달은 노력만으로 결정되는 게 아니라는 걸 선수들은 이미 알고 있다. 예선 상대가 누구냐에 따라, 흔히 말하는 '대진운'이라는 것에 따라 쉬운 길이 될 수도, 가시밭길이 될 수도 있기 때문이다.

앵커와 아나운서가 예선전을 중개하면서 "아, 이번 경기는 사실상 결승전이네요."라고 말하는 걸 들어봤을 것이다. 대진운뿐만 아니라 갑작스러운 컨디션 난조나 예상치 못한 부상 등은 내 노력으로는 어찌할 수 없는 변수다. 이런 사례는 실제로도 얼마든지 찾아볼 수 있다.

2008년 베이징올림픽 여자 장대높이뛰기 결승에서 브라질 국가대표 파비아나 무레르 선수의 장대가 사라지는 황당한 사고가 발생했다. 이틀 전 예선 때 분명 사용했고,

결승에 진출한 12명의 각국 국가대표 중 무레르 선수의 장대만 감쪽같이 없어진 것이다. 결과는 보지 않아도 뻔하다. 사라진 장대를 찾느라 극도의 스트레스를 받고 손에 익지도 않은 예비 장대로 결승 경기를 치른 무레르는 메달 후보였음에도 불구하고 10위라는 저조한 기록을 냈다. 대회 조직위원회가 무레르의 장대를 예선 탈락자들의 장대와 함께 분류하는 바람에 벌어진 사고였다.

4년의 노력을 어처구니없는 조직위원회의 실수로 날려버린 무레르는 '지독히도 운이 나빴던 것' 그 이상도 이하도 아니다. 자신의 노력과는 전혀 상관없는 이런 황당한 사고로 결과가 완전히 달라지고 뒤집어질 수도 있다. 운동선수뿐만 아니라 사업가의 경우, 사소해 보이는 일들이 나비효과가 되어 완벽한 준비 과정이 있었음에도 도저히 받아들일 수 없는 결과를 맞닥뜨린 경험이 적지 않을 것이다. 그렇기에 진심으로 자신의 일에 몰두하고 성공을 경험한 후 그것을 잘 유지하는 이들은 성공의 비결을 '그저 운이 좋아서'라고 말하는 것이다.

 만약
과정에서의 최선에 더해 운마저 따라 승리하고 성공한다
면 인간의 영역인 과정에서 최선을 다한 내공이 내 몸에 쌓
인다. 그렇기에 쉽게 무너지지 않고 지속 가능한 성장과 승
리, 성공을 누릴 수 있다. 반대로 내가 어찌할 수 없는 나쁜
결과에 승복하지 못한 채 자책하고 실망을 거듭한다면 나
에게 찾아온 다음 기회마저도 놓쳐버리거나 눈앞의 기회를
기회로 알아채지 못하고 그저 흘려버릴 수도 있다.

또한 반드시 명심해야 할 단순한 진리가 있다. '이렇게
잘 된 건 다 내 덕이야!'라고 생각하는 사장 밑에는 우수하
고 성실한 직원이 남아날 리 없다. 글로벌 경기 침체와 불안
정한 시장 상황에서 "지금 일이 안 풀리는 건 운이 나빠서
그래. 우리 열심히 했잖아? 우리의 때가 올 때까지 조금만
더 버텨보자!"라며 답답한 상황을 직원 탓으로 돌리지 않고
신의 영역인 결과에 대해 초연할 줄 아는 사장이라면 끝끝
내 성공할 수밖에 없다. 무능한 사장일수록 일이 잘 풀린 이
유를 자기 덕분이라 생각하고, 일이 안 풀릴 땐 직원 탓으로

돌리고 직원들을 닦달하고 책임을 전가한다. 반대로 유능한 리더는 잘 된 이유를 행운처럼 찾아온 직원들과 좋은 상황 덕분이라며 공을 돌린다. 누가 지속 가능한 성장을 이룰지는 안 봐도 뻔하다.

아직까지 인간이 완전하게 정복하지 못한 치명적인 질병으로 암을 꼽을 수 있다. 암의 원인에 대해 많은 연구가 이루어졌지만, 세계적인 암 연구의 권위자인 버트 보겔스타인Bert Vogelstein 존스홉킨스대 교수는 이렇게 말했다.

"암은 흡연 같은 위험 요인보다 '운이 나빠서' 걸리는 것이다. 암 유형의 3분의 2는 과학자들도 예측하기 어려운 운과 관련이 있다."

어쩌면 행운 같은 비정형적 요소를 가장 배척할 것만 같은 의사가 '운'이 암 발병에 얼마나 지배적인 영향을 끼치는지를 언급했다. 실제로 암 환자 중 평생 흡연을 안 하고 술을 멀리하며 건강식을 챙겨 드신 분들도 많다. '왜 내가 암에 걸려야 하는데? 왜 하필 난데?'라고 반문할 수밖에 없는, 가족력도 없고 건강 걱정도 안 해본 분들에게 암이 발병

한 경우도 적지 않다.

다시 한번 말하지만 '과정은 인간의 영역이고, 결과는 신의 영역'이다. 내 일이 안 풀리는 게 단지 운이 나빴기 때문이라 말하는 건 원치 않는 결과에 대한 책임 전가가 아니다. 운이라는 건 무책임한 발뺌이 아니다. 운은 성공과 실패, 발병과 치료뿐만 아니라 삶 전반에서 내게 영향을 미치는 '인과를 초월한 절대 원칙'이자 반드시 인식해야 할 '삶의 흐름'이다.

지금껏 성공을 맛보았으나 결국 제자리로 돌아간 사람들을 여럿 보았다. 높게 올라갔다가 추락했기에 올라가기 전으로 다시 돌아간 자리는 단지 이전의 위치가 아니라, 다시는 재기 불가능할 정도의 상처이자 자존심의 추락이었다. 이전에 있던 자리가 결코 불행한 위치가 아니었음에도, 그저 평균적인 평범한 삶이었음에도 벼락처럼 찾아온 너무나 달콤한 성공을 맛보았기에 이전의 평범함으로 돌아간다는 건 더 이상 떨어질 곳 없는 추락과 저주처럼 느껴질 것이다.

성공을 유지하지 못해 다시 평범해진 이들은 늘 자신

이 가장 화려했던 때, 성공의 정점을 거닐었던 때만을 이야기했다. 과거의 영광만을 집요하게 붙잡고 있었기에 그들과의 대화는 단 한 걸음도 내일을 향해 나아가지 못했고, 때때로 지루하고 비루하기까지 했다. 과거에 갇힌 이들에게서는 사람들이 떠나갈 수밖에 없다. 입에 과거만을 달고 살기 때문이다. 그들은 '잠깐 성공했던 과거'라는 감옥에 스스로 들어가 족쇄를 걸고는 밖으로 절대 나오려 하지 않았다.

반면 '이보다 더 나쁜 상황이 있을 수 있을까?' 싶을 정도로 힘든 상황에 처한 이도 몇몇 만났었다. 하지만 그들은 과정에서 최선을 다했기에 답답한 현실을 원망하지 않았다. 운이 없어서일 뿐, 때가 되면 보란 듯이 비상하리라 굳게 믿는 이들이었다. 결국 그런 이들은 끝내 성공을 움켜쥐었다. 나중에 성공의 비결을 물으면 약속이라도 한 듯 웃으며 "운이 좋았어요."라고 같은 대답을 했다.

지난 2004년, 세계적인 자동차 소개 프로그램으로 유명한 BBC 탑기어Top Gear 의 진행자는 "우리가 직접 현대차를 만들어 봤어요."라고 말하며 베일을 걷었다. 그 아래 숨겨져 있던 건 세탁기와 가전제품을 조악하게 조립한, 백색

가전에 바퀴를 달아놓은 자동차를 닮은 무언가였다. 대놓고 현대차를 조롱하는 퍼포먼스에 녹화장을 채운 관객들은 박장대소했다. 그로부터 불과 이십 년 후, 탑기어는 현대차의 아이오닉5N을 시승하던 중 압도적인 차량의 성능에 감탄하며 '경의를 표한다Hats off'라는 표현을 썼다.

기술력이 부족한 싸구려 차로 조롱받던 현대차그룹은 그 누구도 기록하지 못했던 짧은 기간 안에 세계 3위의 자동차그룹으로 올라섰다. 뿐만 아니라 새로운 미래인 전기차 영역에서 자동차의 역사와도 같은 벤츠 등 독일 3사를 비롯해 기존 레거시 자동차 업체가 도저히 따라올 수 없는 퍼스트 무버First Mover로서 존재감을 확실히 다지고 있다.

2025년 3월, 람보르기니의 스테판 윙켈만 CEO는 호주 자동차 전문 매체와의 인터뷰 중 "아이오닉5N을 직접 운전해 봤다. 아이오닉5N은 운전자에게 긍정적인 피드백을 주는 부분이 있다."라며 람보르기니의 전기차 개발을 위해 아이오닉5N을 벤치마킹하고 있다는 사실을 공식적으로 시인했다.

전 세계 남자들이 꿈에 그리는 슈퍼카 람보르기니는

불과 얼마 전까지만 해도 현대차가 감히 넘볼 수조차 없는 상대였다. 그러나 이제는 람보르기니가 현대차를 벤치마킹하는 현실을 마주하고 있다. 이런 흐름 속에서 현대차그룹의 수장인 정의선 회장은 "운이 좋은 것 같습니다."라고 웃었다. 대한민국 재벌 3세 중 가장 성공한 기업인으로 손꼽히는 정의선 회장은 결코 "내가 잘해서, 내 안목이 좋아서 성공했다."라고 말하지 않았다. 정의선 회장의 내공과 그가 거둔 진짜 성공의 깊이를 가늠할 수 있는 행동이다.

앞으로 펼쳐질 이야기는 바닥을 찍은 한 남자에 대한 짧은 기록이다. 정량적 평가나 인사고과에 올릴 수 없는 '운'이라는 걸 인지하고 운이 좋아질 때 내게 어떤 일이 벌어지는지, 운을 지키기 위해 어떻게 해야 할지 하나하나 겪어나가는 남자의 이야기다. 거부감 없이 쉽게 받아들이고 읽을 수 있도록 소설이라는 형식을 택했다.

이 이야기에 나오는 남자의 이름과 상황은 꾸며낸 것이지만, 이 남자가 겪은 좌절과 극복, 운이 찾아오고 성공에 이르는 과정은 지금껏 실제로 보고 들은 이들의 삶과 현실에서 가져온 것이다. 이야기 속 남자에게, 이 책을 읽는 당신에게, 그 누구보다 나 자신에게 먼저 들려주고픈 간절한 한마디를 위해 이 책을 썼다. 아래 문장은 본문에 나오는 말이니 맛보기처럼 먼저 음미하면 좋겠다.

"인간의 영역에서 나는 할 수 있는 만큼 다 했다. 내가 감당하고 책임져야 할 건 과정이다. 난 나의 과정에 후회가 남지 않는다. 그에 딸려 오는 결과가 좋지 않았던 건 그저 운이 없었기 때문이다. 세상에는 너무나 많은 변수가 있고, 변수에 오염될 수밖에 없는 결과는 인간이 좌지우지할 수 없다. 하지만 난 분명히 알고 있다. 이제 나에게 행운이 찾아올 것이고, 나는 운이 좋아질 것이다. 나는 결국 내가 그리는 대로 될 것이다."

당시 나는 너무 고통스러웠으나,
'내게 행운이 찾아오는 중이었다'는 사실을 뒤늦게 깨달았다.
나는 좋아지는 중이다.
나는 운이 좋았다.

고작 그게 성공의 비결이라고?

나는 내가 세상을 바꿀 수 있으리라 생각했다. 나는 누구보다 성실했으며, 모자라다 싶으면 늘 겸손한 태도로 배우려는 사람이었다. 직장에서 나름의 성과도 냈고 인정도 받고 있었다. 다만 제법 연차가 쌓이다 보니 회사의 부조리와 모순이 유독 내 눈에 더 잘 보이기 시작했다. 다른 이들은 눈을 감은 것인지 봐도 깨닫지 못하는 것인지 외면하고 지나치기 일쑤였으나, 내 눈에는 비효율과 비합리가 발에 차일 정도로 널려 있었다.

일은 미루는 게 아니었고 문제는 먼저 발견하는 사람

이 해결하는 게 옳았다. 아무도 강요하지 않았지만 나는 종종 총대를 메곤 했다. 나는 일을 사랑했지만, 회사는 일을 사랑하는 사람에게 곁을 주지 않는다는 걸 해고된 뒤에야 깨달았다. 회사는 일 잘하는 사람이 아니라 줄을 잘 서거나 정치를 사랑하는 자들에게 품을 내주는 곳이었다.

급작스러운 해고를 당하다 보니 다리를 뻗을 곳을 미처 살필 겨를도 없었다. 아직 준비도 하지 못한 상태에서 목이 날아간 꼴이었다. 결혼까지 생각했던 사람은 나를 한심하게 내려다보며 철 좀 들라고 말했다. 왜 남들처럼 '적당히'를 모르냐고, 대나무가 거친 태풍에도 부러지지 않는 건 적당히 휘어지기 때문이라고 말했다. 나는 태풍에 꺾이고 부러질지언정 나 자신을 속일 수는 없다고 대꾸했다. 그렇게 살아왔기 때문에 그렇게 대답할 수밖에 없었으나 여자친구는 그 말에 진저리를 냈다.

"오빠, 오빠 서른 넘었잖아? 사춘기 아니잖아? 대체 언제까지 그렇게 애처럼 굴 거야?"

"그게 무슨 말이야? 최 이사는 거래처로부터 페이백 방식으로 뒷돈을 챙겼어! 자기 처남 회사와 불공정 계약을 체결해서 회사에 금전적 손해를 끼쳤고, 인턴에게 성희롱을 일삼았다고! 우리 인턴, 이제 대학 갓 졸업한 스물네 살 어린애야. 최 이사 조카뻘이라고! 그런데 그걸 어떻게 보고만 있을 수 있어?"

"오빠."

여자 친구는 답답하다는 듯 고개를 떨궜다. 숨을 고르는 것인지 말을 고르는 것인지 미간을 찌푸린 채 검지 손가락으로 테이블을 톡톡 치다가 작심한 듯 날 쳐다봤다.

"일을 무슨 정의감으로 해? 회사를 무슨 낭만으로 다녀? 그리고 인턴 여자애가 뭐? 걔가 무슨 짓을 당하든 그게 오빠랑 무슨 상관인데? 오빠가 뭐 걔 남친이라도 돼? 난 이때까지 사회생활 하면서 그런 꼴 한 번 안 겪어본 줄 알아? 다들 참고 조용히 잘만 살아가는데 오빠만 왜 나서, 왜? 그냥 좀 남들처럼 평범하게, 얌전히 살면 안 돼? 대체 왜 그래? 이젠 철들 때 됐잖아?"

낯설었다. 평소 알고 지내고 사랑했던 그녀가 아니라 처음 보는 낯선 여자가 와서 따지고 있는 것처럼 느껴졌다.

"오빠, 오빤 내 생각은 안 해? 이런 말까진 안 하려고 했는데, 내 동기 중에서 남자 친구가 지방대 출신인 경우는 오빠밖에 없는 거 알지?”

무언가 마음에서 줄이 탁 끊어졌다. 사랑하는 사람은 서로 빨간 실로 연결돼 있다는데, 간신히 부여잡고 있던 그 빨간 실이 툭 끊어져 버린 것만 같았다. 영원히 끊어지지 않으리라 생각했던 인연의 실이 이 정도 풍파에 끊어지리라곤 전혀 생각하지 못했다.

“오빠네 집안 사정 때문에 오빠가 지방대 간 건 알지만, 그렇다고 내 동기들한테 일일이 사정을 설명하고 다닐까? 내가 그랬으면 좋겠어? 그나마 중견 기업에서 인정받고 있다고 내가 오빠 실드를 얼마나 쳤는데, 새파랗게 어린 인턴 여자애 지켜주려다 회사 잘렸다고 내 입으로 얘기해야 해? 오빠 나랑 결혼할 생각 아니었어? 근데 이렇게 무책임해도 되는 거야? 그 어린 인턴은 안타깝고 내 입장은 아무렇지도 않은 거야?”

혼란스러웠다. 부조리를 지켜볼 수 없었을 뿐이다. 인턴도 내 동료였다. 동료를 책임지기 위해 나선 일인데 가장 가까웠던 연인에게서 무책임하다는 소리를 들었다. 어른이 되면 힘이 생길 줄 알았다. 그래서 사랑하는 사람을 든든히 지킬 수 있을 줄 알았다. 다시는 소중한 이를 잃고 싶지 않았다. 책임진다는 건 행동하는 것이라고 생각했다. 하지만 책임졌기에, 행동했기에 철없고 무책임한 남자가 되어 비난받고 있다.

"오빠 혼자 정의로운 척, 사명감 있는 척 나서는 호구일 뿐이라고. 왜? 호구라고 하니까 기분 나빠? 아닌 것 같아? 오빠가 나서서 뒤집어엎으니까 남들은 자기 손에 피 묻힐 일 없이 날로 먹는 거야. 고생은 오빠가 하고 그 덕은 누가 보는데? 오빠 오빠 모습이 멋지지? 자랑스럽지? 남들 안 나서는데 혼자 총대 메니까 있어 보이지? 그렇게 잘났는데 결과가 이 모양 이 꼴이야?"

할 말이 없었다. 나는 해고당했고, 그녀의 말 중 틀린 구석은 없었다. 그녀를 잡을 힘도 남아있지 않았다. 잡는다고 잡힐 것 같지도 않았다. 그녀는 나를 한심하다는 듯 팔짱을 낀 채 내려다보다가 밖으로 나가버렸다. 유리컵에 가까스로 매달려 있던 차가운 물방울이 쭉 미끄러져 떨어졌다.

좁은 컵 안에 부대끼며 웅크리고 있던 맨 위의 얼음 하나가 달그락 소리를 내며 아래로 미끄러졌다. 서로 지탱하고 있던 얼음들은 어느새 녹아서 틈이 생기고 있었다. 꼭 떠난 그녀와 나 사이의 메울 수 없는 틈 같았다.

한때는 견고하게 맞물려 있다고 생각했건만. 입술이 마르고 목이 탔다. 앞에 놓인 아이스 아메리카노에 꽂힌 빨대를 힘겹게 빨았는데, 커피는 쓰지도 달지도 않았다. 혀가 마비라도 된 것처럼 아무 맛도 느껴지지 않았다. 그저 차가운 게 넘어가는 느낌뿐이었다.

그날 밤 그녀의 마지막 메시지가 도착했다. 불도 켜지 않은 방 침대에 누워 반딧불이처럼 허공에 둥둥 떠 있는 스마트폰 화면을 봤다. '헤어져.' 단 세 글자뿐이었다. 글자를 좀 더 덧붙인다고 해서 데이터를 더 쓰는 것도 아닌데, 그녀에게는 세 글자도 버거운 모양이었다.

답장을 보냈으나 '1'이 사라지지 않았다. 하루아침에 난 여자 친구에게 차인 백수가 되어버리고 말았다. 아니, 백수가 되고 차이기까지 한 루저가 되었다.

이걸 배려라고 해야 할까. 회사에서는 실업급여를 받을 수 있게 해줬다. 해고됐으니까 당연한 건데, 당연한 걸 당연히 안 하던 회사였던지라 새삼스럽기는 했다. 고용복지센터는 6층이었다. 한참 기다린 엘리베이터 문이 열리자 수많은 이가 엘리베이터에 탔다. 10층 버튼을 누른 이들은 필라테스를 받으러 가는 모양이었다. 평일 오전에 필라테스라니, 돈 걱정 노후 걱정 따윈 없는 이들인가 싶었다.

5층을 누른 이들은 정형외과와 물리치료실을 찾아왔다는 걸 한눈에 알 수 있었다. 그들은 입을 열지 않았지만 온몸으로 신음을 흘리고 있었다. 6층 고용복지센터에서 내릴 사람들 역시 표가 났다. 그들은 10층 필라테스 센터를 찾아온 이들과 정반대로 돈 걱정, 노후 걱정을 하고 있었지만 5층 정형외과에서 내릴 사람들처럼 어딘가 몸이 불편해 보이진 않았다.

6층 문이 열리자 사람들이 우르르 내렸다. 알고 보니 엘리베이터를 가득 채운 대부분이 6층 고용복지센터에 볼일이 있는 이들이었다. 그들 틈에 섞여서 내려야만 한다는 게 싫었지만, 난 저들처럼 실업급여 푼돈에 목을 매는 게 아니라 그간 내 월급에서 원천 징수 당한 고용보험료를 환급받는 것일 뿐이라고 주문처럼 되뇌었다.

　실업자들 틈에 낀 나는 일부러 여유 있는 척했다. 까랑까랑한 목소리에 안경을 쓴 여자 공무원은 실업급여가 아니라 구직급여가 정확한 명칭이라고 설명했다. '취업희망카드'라고 큼지막하게 박힌 촌스러운 디자인의 작은 수첩을 받고 나서 누가 볼 새라 얼른 주머니에 넣었다. 사람들은 엘리베이터를 향해 달려갔다.

　어차피 다 똑같은 백수인데 뭐가 그리 급할까 싶었는데, 엘리베이터 앞에 서자 그 이유를 알 수 있었다. 어서 빨리 6층을, 고용복지센터를 벗어나고 싶은 거였다. 층수만으로도 엘리베이터에 탄 사람들의 목적지를 가늠했듯이, 6층에서 엘리베이터를 탄다는 건 다른 사람이 볼 때 '일자리가 없는 백수'라는 뜻이었다. 다만 이 건물 6층에서만 벗어나면 걸만 봐서는 일자리가 없다는 게 결코 티가 나지 않는다.

　나 역시 빨리 이곳을 벗어나고 싶었다. 딱히 일정이 없었지만 다른 이들에 밀려 엘리베이터에 탔다. 누군가 엘리베이터 문이 닫히는 걸 보고 후다닥 뛰어왔지만, 뒤에서 팔이 하나 쑥 튀어나오더니 닫힘 버튼을 두세 번 연거푸 눌렀다. 열림 버튼이 아니라 닫힘 버튼을 누르는 걸 뻔히 보면서도 다들 아무 말도 하지 않았다. 뭔가 범죄 현장에서 침묵으로 동조한 공범이 된 느낌이었다. 모두 이곳을 빨리 벗어나고 싶어 한다는 게 느껴졌다.

다소 이른 시간이었지만 딱히 할 일도 없고, 돌아가 봤자 반겨줄 사람도 없었기에 그저 걸었다. 그러다 골목 깊숙한 안쪽에 작고 허름한 국수 가게가 보여 끌리듯 들어갔다. 메뉴라곤 잔치국수와 비빔국수뿐이었다. 테이블이래야 벽을 바라보며 앉는 기다란 테이블과 한쪽의 주방을 바라보는 일자 테이블이 전부였다. 혼자 와서 후루룩 먹고 가는 곳인 모양이었다. 고민할 것도, 오래 볼 것도 없는 두 개뿐인 메뉴를 보며 고민하고 있는데 나이 지긋한 할머니가 주방 안쪽에서 힐끔 보더니 한마디 했다.

"보통도 양 많으니까 곱빼기 안 시켜도 돼요."

할머니 눈에는 내가 보통과 곱빼기 사이에서 고민하는 걸로 보였나 보다. 사실 메뉴 따윈 눈에 들어오지 않았다. 그저 내 신세에 미간이 찌푸려졌을 뿐이다. 그때였다.

“여기 잔치국수 곱빼기 하나요!”

흰머리가 희끗희끗한, 60대 초중반으로 보이는 남자가 내 옆 의자에 앉으면서 주방을 향해 시원시원하게 외쳤다. 나보다 키도 작고 체구도 작은, 돌 지난 손자도 있을 것 같은 남자가 곱빼기를 주문하는데도 국숫집 할머니는 양이 많네 적네 참견 없이 주문을 받았다. 나는 잔치국수 보통을 주문했다. 김이 모락모락 나는 잔치국수가 내 앞에 놓였지만 젓가락을 들지 못했다. 오늘 첫 끼인데다 배도 고팠지만 입맛이 없었다. 뽀얀 면발은 노란 고명을 이불처럼 덮고 있었다. 채 썬 당근과 애호박이 울긋불긋하니 예뻤다.

“저게 말이 된다고 생각해요?”

옆에 앉은 남자가 웃으며 말을 걸었다. 그제야 남자를 찬찬히 살필 수 있었다. 남자는 흰색 무지 셔츠에 짙은 감색 재킷을 걸치고 있었다. 셔츠의 목깃은 테이블에 놓인 냅킨보다 더 새하얗게 빛났고 주름 하나 없이 빳빳했다. 재킷은 십 년은 더 지난 느낌이었지만 좋은 원단으로 맞춘 게 분명해 보였다. 오랜 세월을 함께한 동반자처럼 남자의 재킷은 세월을 입고 있었고, 그만큼 그의 몸에 착 달라붙어 흐르고 있었다. 커다란 로고가 박힌 명품처럼 자신을 알아달라고 소리치는 게 아니라 조용히 존재감을 드러내는 쪽이었다.

남자는 베이지색 면바지 아래 흰색 스니커즈를 신고 있었다. 스니커즈의 앞코 역시 셔츠만큼 하얗게 빛났다. 많이 걷거나 움직이는 일은 하지 않는 게 분명해 보였다. 신발의 상태가 저토록 깔끔하게 유지되려면 현관에서 몇 걸음 걷지 않는 곳에 차를 주차할 수 있는 환경에 거주해야만 한다. 전반적으로 어려 보이려고 억지로 꾸민 게 아니라 자연스레 즐기는 착장으로 보였다. 처음 보는 낯선 남자가 대뜸 말을 건다면 잡상인이나 포교 활동쯤으로 여기고 피했을 게 분명한데, 남자는 무례하지 않으면서도 사람을 편안하게 만드는 분위기가 있었다.

"노력은 재능을 이긴다는 말, 어떻게 생각해요?"

남자는 TV에서 흘러나온 이야기를 듣고 내게 질문을 던진 거였다. 벽에 걸린 TV에 낯익은 얼굴이 보였다. 전 국가대표 축구선수이자 유럽 프로리그에서 활약했던 이가 고등학생들 앞에서 강연하고 있었다. 그는 격정적인 목소리로 노력은 재능을 이긴다고, 3년만 노력하면 결과가 보일 거라고 강조했다. 무엇보다 중요한 것은 노력이므로 재능은 무시해도 될 정도라고 열변을 토했다. 공부가 싫더라도 노력해서 공부를 잘하게 되면 결국 공부가 재밌어진다고 말하고 있었다. 재미를 느끼는 순간, 하기 싫은 것에서 하고 싶은 것이 되고, 결국 그게 재능이 되는 거라 역설하고 있었다.

"음…. 노력만큼 정직한 건 잘 없잖습니까. 스포츠는 더욱 그렇고요."

"그렇다면 저 선수는 메시보다 게을렀다는 소리군요. 메시보다 노력을 덜 했으니까 메시처럼 유명해지지도 못했고, 연봉도 비교가 안 될 만큼 적고, 발롱도르도 못 받은 것일 테고요."

"아니, 그건…."

뭐라 대꾸하고 싶었지만 딱히 할 말이 떠오르지 않았다. 듣고 보니 맞다. 재능 따윈 중요하지 않고 노력으로 재능이 생기는 거라면, 그저 성실함과 노력으로 모든 게 결정되는 세상이었다면 나는 회사에서 해고당하지도 않았을 테고 건물 6층의 고용복지센터에 쭈뼛거리며 들어갈 일도 없었을 것이다. 그 누구보다 노력했노라 자신할 수 있었기 때문이다.

하지만 지금 내 꼴은 실연당한 백수다. 반면 비위와 성희롱을 저지르고도 회사에 잘만 남아있는 최 이사는 나보다 노력을 더 많이 했기에 회사에 남은 것일까? 말도 안 되는 소리였다. 이사라는 자리가 실무를 보는 게 아니라 더 크게 더 멀리 내다보며 방향을 정하는 자리라지만, 최 이사는 실무도 몰랐고 멀리 보는 눈도 없었다. 실무자들 등에 빨대나 꽂고 쪽쪽 빨아먹다가 윗선에 아양 떠는 게 그가 가진 특출난 능력이었다. 물론 그것도 능력은 맞다. 난 그렇게 하라고 해도 절대 못 할 테니까. 다시 태어난다 해도 그렇게는 못 살 것이다.

"나는 근처 고용복지센터에 갔다 오는 길이에요."

남자는 묻지도 않은 말을 꺼냈다. 나 역시 그곳에서 방금 나온 거라고는 차마 말하지 못했다. 하지만 조금 이상했다. 남자의 행색 어딜 봐도 일자리를 구하는 느낌이 없었기 때문이다. 아니, 남자에게서는 구직자의 초조함 따윈 전혀 느껴지지 않았다. 아무리 비싼 옷을 걸치고 좋은 차를 끌고 다닐지라도, 조급한 사람에게서는 쫓기는 자의 냄새가 나기 마련이다. 사람이 궁지에 몰리면 아무리 감추려 해도 초조함이 땀 냄새처럼 피어오른다. 가난은 사람의 행색을 바꾸기 이전에 그 사람 주변의 공기를 바꾸고 냄새조차 바꿔버린다. 하지만 남자에게서는 그런 기색이 전혀 느껴지지 않았다. 오히려 머리부터 발끝까지 여유라는 게 흘러넘치고 있었다. 나에게는 없는 것이기에 결코 착각할 수 없었다.

“사람을 좀 찾고 있었거든요.”

“아, 구인 등록 같은 것도 고용복지센터에서 하나요?”

“비슷한 이유죠. 사람을 구하려고 왔으니까요.”

사람을 구한다는 게 일할 직원을 구한다는 것인가 싶었다. 설마 물에 빠진 사람을 구하듯 사람을 살리는 의미의 ‘구한다’는 아닐 테니까. 아무래도 남자는 나와 같은 구직자가 아니라 이곳에 터를 둔 기업 대표라도 되는 모양이었다. 생각이 거기에 미치자 나도 모르게 이 남자에게 잘 보이고 싶다는 생각이 들었다. 나는 낯을 가리는 편이었기에 이전이라면 상상도 못 할 일이다. 그만큼 요즘의 내 처지가 궁지에 몰렸단 뜻이기도 했다.

"토끼와 거북이가 경주하면 누가 이길까요?"

짧은 소개 이후 뜬금없는 질문이 이어졌다. 남자는 날 물끄러미 바라보며 국수를 한 젓가락 크게 집어 후루룩 소리를 내며 맛있게 삼켰다. 우화 속 거북이는 노력의 상징이다. 반면 토끼는 육지에서 펼쳐지는 달리기 시합이라는 막강한 홈 어드밴티지를 등에 업고도 한가로이 낮잠을 자다가 꾸준하고 느린 거북이에게 패했다. 그렇다면 현실 속 세상에서 거북이는 늘 승리하는가?

난 거북이처럼 신념을 지니고 누구보다 꾸준히, 그리고 성실히 노력했다. 하지만 내게 남은 건 승리가 아니다. 난 실패했다. 완주는커녕 경기장 밖으로 퇴출당한 신세다. 현실에서 토끼들은 낮잠을 자지 않는다. 재능 있는 자들의 노력은 평범한 이들의 노력보다 밀도가 높고 폭발력도 크다. 잘난 이들은 자기가 잘났다는 걸 스스로 가장 잘 안다. 그들에게는 노력마저 재능이다.

"토끼와 거북이가 육지에서 경주한다면…. 결국 토끼가 이기지 않을까요?"

"왜죠? 거북이는 쉬지 않고 노력할 텐데요? 노력이 재능도 이기는 거 아닌가요?"

"아무리 노력해도 타고난 게 다르지 않습니까? 공정한 경쟁이 안 되죠."

"그렇다면 결국 노력보다 재능이 더 중요하다는 말이네요? 호날두나 메시는 애초에 타고난 게 다르다?"

속에서 뭔가 끓어올랐다. 난 아무것도 가진 게 없이 태어났기에 할 수 있는 거라곤 노력밖에 없었다. 하지만 노력보다 재능이 더 중요하다고 말하면 왠지 지금까지의 내 삶이 전부 부정당할 것만 같았다.

"국제적 권위의 심리학 학술지인 '심리과학Psychological Sciense'에서 조사한 결과라는데, 전체 성과를 100으로 봤을 때 게임은 노력이 26, 재능은 74의 비중이라더군요. 재능이 노력보다 세 배 가까이 중요하다는 소리죠. 음악은 게임보다 재능의 영역이 조금 더 커요. 21대 79니까 2대 8인 셈이죠. 스포츠는 음악보다 더 재능이 중요해요. 18대 82 수준이니까요. 이 정도면 노력으로 극복할 수 없는 어마어마한 차이죠. 그렇다면 공부는 노력과 재능의 비중이 어느 정도일 것 같아요?"

“공부는 예습, 복습을 충실히 하고 학교생활만 성실히 한다면 얼마든지 따라잡을 수 있으니까, 노력 40에 재능 60 정도의 비중 아닐까요?”

“아뇨.”

남자는 단호하게 고개를 저었다.

“노력은 겨우 4에 불과해요. 나머지 96이 재능의 영역이죠. 공부는 게임이나 음악, 스포츠처럼 재능이 당연히 더 중요하다고 생각하는 종목조차 감히 비교할 수 없을 만큼 극단적인 재능의 영역이에요.”

생각지도 못한 사실에 입이 저절로 떡 벌어졌다. 예체능과 달리 공부는 엉덩이 힘으로 성실히 노력하면 다 될 거라 생각해 왔기 때문이다.

“참 신기하죠? 자녀가 어릴 때 축구선수가 되고 싶다고 하면 부모는 대부분 이렇게 반대하죠. ‘엄마 아빠는 운동신경이 없었어. 엄마 아빠 닮았다면 너도 마찬가지일 거야. 운동선수로 성공하기가 얼마나 어려운 줄 아니? 넌 축구로 먹고살 만한 재능이 없어.’ 반면에 엄마 아빠가 학창 시절에 분명히 공부를 썩 잘하지 못했음에도 자녀들을 학원에 과외까지 시키면서 '인 서울'을 외치죠. 먹고 살려면 꼭 명문 대에 가야 한다고 등을 떠밀잖아요? 정작 축구보다 더 성공 하기 어렵고 재능의 영역이 절대적인 게 공부인데 말이죠."

남자는 다시 질문을 던졌다.

"그러면 인생에서 부와 명예를 얻고 성공하려면, 재능 만 있으면 되는 걸까요?"

어려운 질문이었다. 뛰어난 재능을 지니고 있으면서도 빛을 보지 못하는 이들이 주변에 얼마나 많은가. 학창 시절 내내 전교 1, 2등을 다투고 명문대에 진학했다 해서 그 친구 들 모두 잘 먹고 잘살고 있느냐 하면 정확히 그런 것도 아니 었다. 가끔 고향 친구들에게 들려오는 소식을 들으면 학교 다닐 때 내신 최하위권의 친구가 사업가로 성공해서 그 누 구보다 잘살고 있는 경우도 심심찮게 접할 수 있었다. 확실 히 세상에 살아남기 위해서는 재능만으로는 부족하다. 재 능을 맘껏 펼칠 수 있도록 후원해 줄 누군가가 반드시 있어 야 했다. 결국 부모의 재력이었다. 노력을 이기는 건 재능이 고, 재능을 이기는 건 재력이었다. 내가 알기론 그랬다.

“부와 명예를 얻고 성공하려면, 재능과 재력을 물려줄 좋은 부모를 만나면 되는 거 아닐까요?”

한때 미술이나 음악으로 성공하기 위해서는 재력을 지닌 할아버지와 무관심한 아빠, 극성인 엄마 사이에서 태어나면 된다는 우스갯소리가 돌았던 기억이 났다. 결국 성공은 삼대의 합작품이라는 소리다.

“금수저로 태어나면 누구든 성공할 수 있다?”

그것밖에 없지 않은가. 나는 확신에 차서 고개를 끄덕였다.

“흠…. 그렇다면 S그룹의 J회장은 성공한 건가요?”

J회장은 재벌 3세에 개인 자산만 2조 원에 달한다. 죽을 때까지 아무 일도 하지 않고 숨만 쉬어도 가진 돈을 다 쓰지 못한 채 죽을 정도의 재산이다. 돈과 그다지 관련 없는 전공을 택하긴 했다지만, J회장은 우리나라 최고의 지성이 모인다는 S대 출신이기도 하다. 재벌가에서 태어나 S대를 진학했으니 가질 수 있는 모든 걸 가지고 태어난 셈이다. 하지만 그가 성공했는지는 잘 모르겠다. 그는 성공이 아닌 실패의 아이콘이기 때문이다. 그는 손만 대면 황금으로 변한

다는 '미다스의 손'이 아닌, 손을 대는 것마다 망한다는 '마이너스의 손'으로 불렸다.

"J회장이 가진 건 선대로부터 물려받은 것이죠. 하지만 그가 손을 댄 사업은 열에 아홉은 실패했어요. 이 정도 타율이면 거의 전부 실패했다고 봐야겠죠? 야구로 따지면 1할 타자도 안 될 거예요. 프로리그든 사회인 야구든 타율이 1할도 안 되는 타자를 게임에 껴 줄 미친 구단주는 없지 않겠어요? 아, 그러고 보니 J회장은 야구단을 갖고 있군요. 어쨌거나 J회장은 우리나라 최대 규모의 마트도 갖고 있죠. 그렇다는 건 국내 최고의 유통망을 갖고 있단 소리죠. 그런데 그런 유통망을 지니고도 J회장은 야심차게 뛰어든 주류 사업에 실패했어요. 호텔도 실패했고 마트 기반의 온라인 쇼핑몰, 잡화점, 헬스&뷰티, 패션 사업도 다 실패했어요. 실패한 브랜드들 이름을 말해봤자 어차피 모를 거예요. 대중이 이름을 기억할 정도라면 실패한 게 아니죠. 이름조차 생소하다는 건 그만큼 처절하게 실패했다는 뜻일 테고요. 그나마 J회장이 벌인 일 중 남아서 유지되는 사업들은 외국 사례를 벤치마킹한 것인데, 말이 좋아 벤치마킹이지 복사해서 불여놓은 수준이에요. J회장은 우리나라 재계 총수 중 오너 리스크가 가장 큰 인물로 꼽히는데, 사업도 실패뿐이니 주가는 수년째 바닥을 지나 지하실로 내리꽂히고 있죠. 수백 명의 직원 해고는 덤이고요.”

남자는 잠시 말을 멈추더니 컵을 들어 물을 한 모금 마시고는 말을 이어 나갔다.

“J회장은 금수저가 아니라 다이아몬드 수저를 물고 태어났어요. 서민은 죽었다 깨어나도 따라잡을 수 없는, 노력으로 절대 닿을 수 없는 재능 중의 재능이죠. 맞아요. 그의 재능은 돈이에요. 재벌 3세라는 건 손에 돈을 쥐고 태어났다는 뜻이잖아요? 인간 중에서 싸움을 조금 잘할 뿐인 배트맨이 어떻게 하늘을 날아다니는 슈퍼맨에게 싸움을 걸겠어요? 배트맨의 능력은 돈이거든요. 슈퍼맨에게는 배트맨이 지닌 능력이 없어요. 슈퍼맨은 원천 징수 당하는 언론인이자 노동자인 반면, 배트맨은 고용주로서 돈이라는 막대한 능력을 지녔고 수만 명의 직원들은 그를 위해서 그가 자는 동안에도 일을 해요. 하지만 슈퍼맨은 먹고 살기 위해 신문사를 다니잖아요? 만약 요즘이었다면 슈퍼맨은 조회수 올리려고 되지도 않는 낚시성 제목을 갖다 붙이는 슈퍼 기레기라는 소리를 들었을지도 모르죠. J회장 역시 만화 속 배트맨과 다를 게 없어요. 돈이라는 능력, 재벌 3세라는 재능을 타고났죠. 더구나 노력해서 S대도 갔어요. 가진 걸 따지기보다 갖지 못한 걸 따지는 게 빠를 정도죠. 아, 물론 그가 갖지 못한 게 과연 있을까 싶긴 하군요.”

남자는 잠시 숨을 고르더니 내 눈을 빤히 바라봤다.

“노력, 재력, 재벌 3세라는 배경까지 지녔지만 대한민국에서 존경받는 기업 총수로 J회장을 떠올리는 사람은 아마 없을 겁니다. 애초에 신분부터가 다른 J회장도 성공을 맛본 게 아니라면, 대체 누가 성공할 수 있는 걸까요?”

나야말로 묻고 싶었다. 모든 걸 다 갖고 태어난 J회장도 성공과 거리가 멀다면, 서민의 아들로 태어난 이상 성공할 수 있는 공식 따윈 전혀 없는 것일까? 거북이는 육지에서 토끼를 이길 수 없다. 토끼의 빠른 달리기 실력은 날 때부터 얻은 재능이다. 거북이가 아무리 노력한다 한들, 달리기라는 재능을 지닌 토끼가 작심하고 노력까지 해버리면 거북이 주제로는 결코 따라잡을 수 없다.

하지만 재능을 갖고 태어나서 죽도록 노력해도 꽃을 피우지 못하는 경우가 태반이다. 토끼는 거북이보다 빠를 뿐, 토끼보다 더 빠른 동물과의 경쟁과 약육강식의 세상에선 먹이사슬의 가장 밑바닥일 뿐이다. 그러니 토끼로 태어났다고 해도 오로지 꿈만 꾸며 하고 싶은 일에 매진하도록 밀어줄 수 있는 재력과 도움이 뒷받침돼야만 한다.

그런 의미에서 이미 모든 걸 갖춘 J회장은 어떤가? 그는 여전히 도전 중이지만 연전연패다. 축구로 비유하면 메시의 아들로 태어나 자신만의 축구팀을 지닌 구단주가 되어 구단주 겸 프로 선수로 늘 선발 출전하는데, 팀 동료가 얻어낸 페널티킥을 실축하는 것도 모자라 혼자 미친 듯이 뛰다가 툭하면 오프사이드에 걸리고 결승전에서는 부상으로 결장하는 것과 다를 게 없다.

모든 것을 갖고 태어났어도 주전으로서의 활약을 보여주지도 못하고 결승골은 단 한 골도 기록하지 못한 꼴과 뭐가 다른가. 이런 형편없는 성적을 기록하는데 메시의 아들이 아니고 구단주가 아니었다면 진작에 2부 리그로 퇴출되거나 계약 해지됐을 것이다. 만약 J회장이 아니라 평범한 서민이 J회장이 추진한 사업 중 단 하나라도 진행하다 실패했다면 다시는 재기하지 못할 정도의 치명적인 손해를 입었을 것이다. 망하거나, 해고되거나, 해고된 다음 망했을 것이다. 아니면 세금보다 더 무서운 빚에 쫓기며 평생을 도망자로 살았을 것이다. 어쩌면 궁지에 내몰린 나머지 스스로 목숨을 끊었을지도 모른다. 세금이 호랑이보다 무섭다는 옛말도 있지만, 세금보다 더 무서운 건 빚이다. '성공할 때까지 도전하라'는 재벌 3세들의 강연이 같잖은 이유는, 서민의 경우 단 한 번의 실패만으로도 호랑이보다 더 무서운 빚에 죽을 때까지 쫓기는 운명에 내몰리기 때문이다.

부자는 자유를 얻는다. 부자의 자유에는 시간과 돈으로부터의 자유뿐만 아니라 서민은 꿈도 꾸지 못하는 부자만의 결정적인 자유가 포함된다. 바로 실패할 수 있는 자유다. 한 번의 실패가 인생의 실패로 끝나는 서민과 달리 태어나보니 부모가 부자인 이들은 실패마저도 하나의 경험에 불과할 뿐이다. 그러니 성공할 때까지 실패를 두려워하지 않고 도전하면 된다는 말은 인디언 기우제와 같다. 인디언

들의 기우제가 100% 성공하는 이유는 비가 내릴 때까지 기우제를 지내기 때문이다.

부자의 도전이 그렇다. 성공할 때까지 도전하다 보면 재계와 사회는 그의 성공만을 기억한다. 서민에게 실패는 나락이자 바닥이 보이지 않는 벼랑으로의 추락이지만, 가진 자들이 맞닥뜨리는 실패는 드라이브 중 만나는 얕은 포트홀에 불과하다. 더구나 그들이 탄 차는 에어 서스펜션이 달려 있기에 웬만한 실패는 골목길에서 흔히 보는 조금 높은 과속방지턱과 다를 게 없다.

그런데 서민인 나는 그렇지 못하다. 나는 이미 넘어졌다. 내 무릎은 깨졌고 피를 철철 흘리고 있다. 살 속의 뼈가 드러날 정도로 큰 부상인데, 어떤 이들은 웃으며 내게 말한다. "성공할 때까지 도전을 멈추지 말라."고. 다 개소리다. 전쟁을 일으킨 정치인들은 안전한 후방에서 적진을 향해 돌격하라고 몇 번이고 얼마든지 외칠 수 있다. 총알이 모니터를 넘어 날아들 리 없기 때문이다.

자기 목숨을 걸지 않기 때문에 "돌격 앞으로!"를 외칠 수 있다. 승리할 때까지 돌격하라고 열 번이고 백 번이고 얼마든지 외칠 수 있다. 반면 돌격하는 군인들에게 주어진 기회는 단 한 번뿐이다. 점령하거나, 죽거나. 성공하거나, 실패하거나. 전쟁이 끝나면 전사자는 잊히고 승전국의 정치인은 모든 칭송을 홀로 차지한다. 그들은 전국을 돌아다니며 승리에 대한 강의를 펼친다. 그 강의를 들은, 언젠가 "돌격 앞으로!"라는 명령을 따라야 할 서민들은 감동에 고개를 끄덕이며 박수를 친다. 1%를 제외한 99%의 사람들에게 주어진 한결같은 운명이다.

그렇다면 성공의 조건과 비결은 무엇일까? 노력도, 재능도, 태생도 아니라면 과연 무엇이란 말일까?

"종종 진짜 부자들, 자기가 몸담은 업계에서 최고가 되고 일가를 이룬 사람을 만나서 어떻게 성공했느냐고 물으면 신기하게도 똑같은 답을 하더군요."

나는 남자의 눈을 뚫어지게 바라봤다. 나 역시도 성공이 갈급한 사람이다. 진짜 부자들이 공통적으로 꼽은 성공의 비결은 과연 무엇일까? 그들이 할 수 있다면 나 역시 따라 할 수 있는 게 아닐까? 나의 간절함을 아는지 모르는지 남자는 한참 뜸을 들이다 느릿느릿 입을 열었다.

"하나같이 다들 운이 좋았다고 하더군요."

어처구니없는 대답이었다. 내가 기대한 대답이 전혀 아니었다. 운이라니. 그저 운이 좋아서 성공했다니 개소리도 이런 개소리가 어디에 있단 말인가. 지금까지 귀를 기울여온 나 자신이 한심해질 지경이었다.

나쁜 상황이 왔다는 건
운이 좋아진다는 예고다

나쁜 상황이 왔다는 건
운이 좋아진다는 예고다

"수긍하지 못하는 눈치군요."

남자는 굳어진 내 표정을 보며 물었다.

"설마 운도 실력이다, 이런 흔해 빠진 얘기를 하려는 건 아니시죠?"

날이 돋은 내 반문에도 남자는 그저 웃을 뿐이었다.

"랜덤박스 뽑기도 아니고, 운이 좋으면 성공하고 운이 나쁘면 실패한다는 게 말이나 됩니까?"

"왜 말이 안 되죠?"

"그럼 불성실하고 노력도 안 한 사람이 소 뒷걸음치다

쥐 잡듯 운만 좋으면 성공하겠네요?”

“당연한 거 아닌가요? 주변에 실력은 형편없는데도 의외로 성공한 케이스 한둘쯤은 있지 않나요?”

왜 없겠는가. 듣자마자 떠오르는 인물이 있었다. 인생은 한방이고 욜로가 중요하다며 회사 근처 쓰리룸 오피스텔에서 고양이 두 마리와 살면서 수입 소형 세단을 타고 다니던 후배가 있었다. 월세가 상당할 텐데도 혼자서 그 큰 오피스텔에 살기에 집안이 엄청난 부자인 줄 알았다. 알고 보니 전혀 아니었다. 그 후배는 겉멋만 든 게 아니라 고집도 셌고, 자기가 다 옳다고 생각했다. 한마디로 젊은 꼰대, 제 잘난 맛에 사는 녀석이었다.

녀석은 선배들을 뭉뚱그려 낡은 사고에 갇힌 사람들로 취급했고, 자기는 의식 있는 젊은 세대라고 생각했기에 도통 말이 통하지 않았다. 그 녀석의 팀장이 퇴사해서 사업을 시작했을 때, 대표가 된 팀장은 그 후배를 자기 사업에 끌어들였다. 다른 창립 멤버들 역시 그 녀석이 어떤 스타일인지 잘 알고 있었기에 입사를 반대했지만, 대표가 독단적으로 결정하고 입사시켰다. 하긴, 누구 눈치도 보지 않고 마음대로 결정하는 맛에 대표를 하는 거니까.

하지만 대표가 되면 다들 약속이나 한 듯 실무자들 눈에 빤히 보이는 리스크가 보이지 않나 보다. 안에서 새던 바가지가 밖이라고 안 샐 리 없었다. 후배 녀석은 새 회사에 적응을 못 하고 이내 퇴사했다. 사업을 막 시작한 새 회사였으니 한참 달려도 모자랄 판에 그 녀석은 여전히 '욜로'를 부르짖으며 자기 여가를 챙기기 바빴고, 뭐든 적당히 하던 습관은 새 회사에 갔다고 달라질 리 없었다.

녀석은 조직원들과 끝없는 불화를 일으킨 끝에 퇴사했다. 그러다 무슨 용기였는지 자기도 법인을 내고 사업을 시작했다. 그리고 6개월 만에 소위 대박을 터트렸다. 어처구니없게도 잘 고른 상품 하나가 10대와 20대 여성 고객들에게서 폭발적인 인기를 얻었고, 바이럴 마케팅 따위는 필요 없을 정도로 알아서 SNS에 도배가 됐다.

후배는 수입 소형 세단을 중형으로 바꿨고, 자기 집 근처에 본업과는 전혀 상관없는 일을 벌였다. 평소에도 입버릇처럼 카페나 하나 차려서 좋아하는 음악을 하루 종일 들으며 커피 향에 둘러싸여 살고 싶다고 말하더니, 정말로 카페를 차린 것이다. 후배는 친한 친구 두엇을 카페 운영에 끌어들였다. 후배나 그 친구들이나 바리스타 자격증도 없었고 빵을 만들 줄도 몰랐다. 아마 빵을 만들 수 있는 이를 고용하면 그만이라 생각했던 것 같다. 나중에 들으니 유명한 대회에서 수상한 경력이 있는 젊은 바리스타도 한 명 고용했단다. 카페와 별개로 본업의 대박 행진은 3, 4년간 계속됐다. 난 그 꼴이 너무 보기 싫었다. 도무지 실력으로는 인정할 수 없는 녀석이 승승장구하는 게 정말 꼴 보기 싫었다.

"원래 게으른 악당이 성공하기도 하는 법이죠. 부지런하고 성실한 실력자는 실패해서 주저앉는데 말이에요. 표정을 보아하니 아마 소 뒷걸음치다 성공한 누군가를 떠올린 모양이죠? 생각해 봐요. 그 사람이 재능이 있었나요? 아니면 죽도록 노력했나요? 그것도 아니면 금수저인가요? 아무것도 아니라면 그 사람은 대체 어떻게 성공한 거죠?"

맞다. 난 실력 없는 후배의 성공을 도저히 인정할 수 없었다. 평소 존경하던 이가 성공했다면 기꺼이 축하를 건네고 롤 모델로 삼았을 것이다. 나도 언젠간 저렇게 잘 되고 싶다며 부러워했을 것이다. 하지만 인정할 수 없던 후배의 성공을 볼 땐 화가 났다. 세상이 잘못 돌아가는 것만 같았다. 성실하고 재능 있는 이가 성공하는 게 맞았지만, 후배는 성실이나 재능과는 거리가 멀었다. 성공은 그 후배와 가장 거리가 먼 단어여야만 했다. 나는 아직 성공하지 못했는데 인정할 수 없는 녀석이 성공했다는 걸 도저히 받아들일 수 없었다.

"복잡하게 생각할 거 없어요. 지금 생각하는 그 누군가는 운이 좋았던 겁니다. 운은 악인과 선인을 가리지 않아요. 운이 좋다면 악당도 얼마든지 성공할 수 있다는 말이죠. 물론 그 운을 계속 유지하느냐 마느냐는 결국 실력, 그러니까 노력과 재능이 뒷받침돼야 하지만요. 어떤가요? 지금 떠오른 그 사람은 지금도 성공을 유지하고 있나요?"

나는 비로소 고개를 들어 남자의 눈을 마주 보았다. 남자 말이 맞았다. 후배의 성공은 오래가지 못했다. 5년차에 접어들면서 사업이 슬슬 꺾이는 게 눈에 보이기 시작했다. 첫 상품은 대박이 터졌지만 뒤를 이을 제품이 없었다. 제품 출시야 꾸준히 했지만 신상품은 나오는 족족 망했다. 말 그대로 원 히트 원더, 데뷔작이 빵 터졌지만 이후 히트작이 없는 꼴이었다. 첫 끗발이 개 끗발이라는데, 후배는 운이 좋아 얻어걸린 첫 끗발을 자신의 실력이라 생각한 게 분명해 보였다.

첫 끗발이 허무하게 무너지는 게 아니라 지속 가능할 거라 생각했던 녀석은 원래도 씀씀이가 컸지만 대박이 터진 업체의 대표님답게 품위 유지에 신경을 썼다. 사람의 본성이란 일단 큰 차를 사면 작은 차로 다운그레이드하기가 어렵듯, 씀씀이가 커지면 소비를 줄이고 아껴 쓰는 근검한 삶으로는 영영 돌아갈 수 없는 법이다.

가진 걸 모두 잃어서 소비할 수 있는 자산이 하나도 남지 않는 이상, 커져 버린 씀씀이를 다운그레이드한다는 건 불가능에 가깝다. 사람의 욕심이 본래 그렇다. 허영과 사치에는 관성이 있기에 팽글팽글 돌던 씀씀이를 놓는 순간 자신은 저 멀리 튕겨져 날아갈 것만 같은 두려움과 공허에 빠질 수밖에 없다. 그래서 살림이 기우는 와중에도 예전의 씀씀이와 버릇을 놓지 못하는 것이다. 더구나 후배가 툭하면 SNS에 올려대던 수입차, 법인 차들은 자산이 아니다. 아니,

애초에 자동차는 자산이 아니다.

자산이란 갖고만 있어도 가치가 증가하는 걸 일컫는다. 아파트, 토지, 금 같은 게 그렇다. 하지만 수입차 따위는 차량 인수를 받는 순간부터 중고차가 되고 감가가 발생한다. 사자마자 중고가 되고 값이 떨어지는 건 결코 자산이라 부를 수 없다.

후배의 카페 역시 수입 자동차와 다를 게 없었다. 코로나19가 세상을 덮쳤고 사람들은 외부 활동을 자제했다. 현금이 돌 때 제법 멋지게 인테리어한 카페였지만 한 번 사진 찍어 SNS에 올린 카페는 재방문을 끌어내기가 쉽지 않았다. SNS에 업로드할 카페들이 비 온 뒤의 죽순처럼 여기저기 오픈했기 때문이다.

더 큰 문제는 따로 있었다. 카페 트렌드가 초대형 카페 중심으로 옮겨간 것이다. 신도시 상가주택 밀집 구역 1층에 자리한 후배의 카페는 아담하고 아늑했지만 주차가 불편했고, 대단한 시그니처 메뉴가 있던 것도 아니었다. 카페가 어려워지자 가장 먼저 바리스타가 해고됐다. 후배의 친구가 어깨너머로 배운 실력으로 커피를 내리기 시작했다. 북적이지 않는 고즈넉한 분위기와 특유의 커피 맛 때문에 동네 주민 중 단골이 제법 되었는데, 커피 맛이 변하자 단골부터 발길을 끊었다. 일부러 찾아올 정도의 카페는 아니었는데 단골마저 끊기니 오전 내내 손님이 단 한 명도 없는 날이 계속됐다.

결국 제빵 담당도 해고됐고, 홀을 담당한 후배 친구의 결혼할 사람이 제빵 자격증이 있다 해서 카페의 새 직원으로 들였다. 냉동 생지를 사다 오븐에서 구운 다음 수제라고 홍보하며 팔았는데, 누군가 SNS에 냉동 생지를 사다 매장에서 그저 굽기만 하는 게 어떻게 수제냐며 따지는 글을 올렸다.

결국 후배는 카페 SNS를 통해 사과문을 올렸고, 제빵을 담당했던 후배 친구의 예비 신부는 자존심이 상한다며 더는 카페에 출근하지 않았다. 왜 적극적으로 나서서 예비 신부 편을 들어주지 않느냐며 후배의 친구 역시 화를 내며 카페를 관뒀다. 카페를 담당한 인력이 모두 빠져버리니 후배는 회사가 아니라 카페를 지키는 시간이 더 많아졌다.

후배의 본업이었던 회사 역시 운이 다했는지 급격히 기울기 시작했다. 돈이 궁해지면 대표들이 가장 먼저 하는 일이 비용 절감이며, 가장 쉽기 때문에 가장 먼저 손을 대는 비용 절감 방법이 인력 감축이다. 회사가 어려워진 걸 눈치챈 젊은 직원 몇몇이 사직서를 냈다.

능력 있고 회사에 꼭 필요한 좋은 직원들은 회사에 비전이 없다는 걸 깨달으면 미련 없이 회사를 떠난다. 침몰하는 회사에 마지막까지 붙어 있는 건 충성스럽고 뛰어난 직원이 아니라 회사에 이미 적응해서 이 회사가 가장 편한, 다른 직장을 알아보는 게 두려운 직원들이다. 어찌 보면 말이 안 되는 소리다. 어떻게 회사가 편할 수 있을까? 하지만 답은 예상 외로 단순하다. 회사가 가장 편한 곳이 되려면 새로운 일을 아예 안 하면 된다. 관성에 따라 하던 일만 하면 되고, 적당히 타성에 젖어 고만고만하게 살면 얼마든지 가늘고 길게 갈 수 있다는 걸 아는 이들만 회사에 끝까지 붙어 있기 마련이다.

후배는 이 시점에 대표로서 큰 패착을 저지르고 말았다. 가늘고 길게 가는 게 목표인 이들에게 인사권을 준 것이다. 그들은 자신에게 고분고분하지 않았던, 어찌 보면 후배 회사에 꼭 필요한 인력들을 해고 명단에 올렸다. 가장 먼저 제 발로 회사를 떠난 이들에 이어 그나마 기사회생의 불씨가 되어줄 좋은 인력들을 회사가 스스로 내쫓는 멍청한 실수를 저지른 것이다.

일을 하는 직원들이 다 나가자 생산성은 당연히 떨어질 수밖에 없었다. 후배는 월요일 아침 정례회의에서 부쩍 화를 내며 소리를 지르기 시작했다. 불과 몇 년 전만 하더라도 본인이 꼰대라고 흉보던 선배들보다 더하면 더했지 덜하지 않았다. 내리 갈굼이라, 욕을 먹은 이들은 자리로 돌아가 자신 밑에 딸린 이들에게 화를 풀었다.

그 꼴을 견디다 못한 이들 몇몇이 회사를 떠났다. 구직 사이트에는 후배 회사에 별 한 개의 평점이 달리기 시작했다. '부모의 원수라 해도 한 번쯤은 입사를 말릴 회사'라는 평이 붙었고, 촌철살인의 별 한 개짜리 평들이 인터넷 커뮤니티에 퍼지기 시작했다.

일할 사람이 없다는 생각에 어렵사리 경력직을 모셔와도 기존에 남아있던 이들은 새 얼굴을 배척하고 텃세를 부렸다. 새 인물이 만약 성과라도 낼 경우 자신들은 뭐가 되겠냐는 위기감 때문이었다. 회의는 탁상공론이었고 반대를 위한 반대뿐이었다. 뭐라도 만들어 내야 했기에 벌인 일들은 날조된 싸구려에 불과했고 언 발에 오줌 누기였다.

그 와중에 재무 담당자가 공금을 횡령하고 있었다는 사실이 밝혀졌다. 후배는 재무 쪽을 크게 신경 쓰지 않았기에 재무 담당자가 수억 원을 빼돌리는 걸 전혀 눈치채지 못했다. 사건은 엉뚱하게 드러났다. 재무 담당자와 사내 연애 중이던 재무팀 여직원이 남자 친구인 재무 담당자의 양다리 연애를 알아차리는 바람에 큰 싸움이 벌어졌다.

재무팀 여직원은 사내 인트라넷에 재무 담당자의 횡령 사실을 낱낱이 올려놓고는 그 길로 퇴사해 버렸다. 한마디로 개판이었다.

카페라고 상황이 나을 건 없었다. 더 이상 해고할 직원도 없고, 오전 내내 손님 한 명 오지 않는 카페를 매물로 내놓았지만 보러 오는 사람이 없었다. 울며 겨자 먹기로 카페를 붙들고 있었지만 매일 돈만 까먹을 뿐이었다. 거래처에서는 왜 지난달 비용을 입금해 주지 않느냐며 전화로 따져 왔다. 재무 담당자에게 횡령에 대한 소명의 기회를 줬으나 짧은 사이 1억 원을 더 빼돌리고는 완전히 잠적해 버렸다.

후배는 경찰서와 변호사 사무실을 들락거리느라 사업을 돌볼 정신이 없었다. 후배는 새벽녘에 홀로 카페에 앉아 와인을 마셨다. 취해 쓰러졌다가 눈을 뜨면 모든 일이 정상으로 돌아와 있었으면 하는 마음뿐이었다. 와인 두 병을 비운 후배는 운전해서 집에 가다가 신호위반으로 접촉 사고를 냈다. 무슨 생각이었는지 후배는 차에서 내리지 않고 그대로 도망쳤다. 어쩌면 운이 다한 삶에서 도망치고 싶었는지도 모른다. 10분이 채 되지 않아 후배는 사이렌을 켠 경찰차에 따라잡히고 말았다.

신호위반에 음주 뺑소니라 보험 적용도 되지 않았다. 하필 비싸기만 하고 성능이 돈값을 하는지 의심스러운 수입차는 보증기간이 막 종료된 터였다. 경찰차가 오기까지 뒤에서 바짝 추격해 온 뺑소니 피해 차량에서 사람 넷이 내렸다. 하나, 둘, 셋, 넷. 숫자를 세며 후배는 두당 합의금이 얼마일까를 계산했다. 피해 차량 보조석에 앉아 있던 덩치 큰 남자가 다가와 운전석 창문을 똑똑 두드렸다. 후배는 겁이 나서 창문을 아주 조금만 열었다. 남자가 물었다.

"사장님, 혹시 술 드셨어요?"

후배는 아무 말도 하지 못했다. 경찰이 다가오는 게 보였다. 후배는 두 눈을 감고 운전석에 몸을 기댔다. 대체 어디까지 상황이 나빠질 수 있을지 가늠할 수 없었다. 후배는 지독히도 운이 좋았지만, 그 운을 유지하지 못했다.

운이 지나가고 난 후에도 지속 가능한 성공을 쥐려면 반드시 성실함과 실력이 받쳐줘야 한다. 운은 노력한다고 얻을 수 없지만 운이 찾아왔을 때 반드시 해야 할 일이 하나 있다. 바로 운이 다하고 맨주먹만 남았을 때 운이 좋아 이룬 성공을 유지하고 키워나갈 실력을 어떻게든 길러둬야만 하는 것이다.

후배의 몰락을 이렇게 세세하게 알고 있는 건 이 바닥에서 후배의 성공을 질투하고 시기한 이들이 많았기 때문이다. 어떤 이의 성공은 부러움과 존경의 대상이 되지만, 어떤 이의 성공은 어떻게든 끌어내려서 본래의 자리로 원위치시켜야만 할 순리로 보이기도 한다. 후배는 명명백백히

후자에 속했다. 세상이 계속 캄캄하게 보인다면 내가 혹시 짙은 색 선글라스를 쓰고 있는 건 아닌가 생각해 봐야 한다. 후배의 몰락이 업계에 전설처럼 회자되는 건 후배가 교만이라는 선글라스를 쓰고 세상을 대한 결과일 뿐이었다.

"복잡한 표정을 짓는 걸 보니 운이 좋아 성공한 그 사람은 결국 자신의 성공을 지키지 못했군요?"

나는 씁쓸한 표정으로 고개를 끄덕였다. 나 역시 후배를 질투하고 시기한 인간 중 하나에 불과했다. 코로나 시절, 마스크를 쓴 채 후배의 카페 앞을 서성인 적도 있었다. 장사가 얼마나 잘 되나, SNS에 올라온 카페 사진이 조명발이 아닐까, 진짜로 그럴듯하게 꾸며놓았나, 손님은 정말 많은가 내 눈으로 확인하고 싶었다.

솔직히 말하면 손님도 없고 카페도 사진보다 더 우중충하기를 바랐었다. 이렇게 생각하는 내가 작고 초라하게 느껴졌지만, 그런 감정만큼 후배의 일이 안 풀리기만을 바랐던 것도 사실이다. 도무지 인정할 수 없는 이의 성공이었기 때문이다. 다른 이들도 비슷한 생각이었나 보다. 묻지도 않은 후배의 소식을 전할 때마다 그들은 꼭 이 말을 덧붙이곤 했다.

"내가 그 새끼 결국 그렇게 망할 줄 알았어. 운이 좋아 좀 잘 풀린 걸 가지고 건방 떨더니만 꼴 좋네."

웃기게도 그들 역시 후배가 '운이 좋아' 잘 된 거라고 얘기하고 있었다. 진짜 부자들도 하나같이 입을 모아 성공의 이유를 '운이 좋았을 뿐'이라고 얘기한다는데, 정말 운이 모든 걸 결정하는 건가 싶었다. 그렇다면 운이 과연 언제 좋아진다는 걸까? 운이 나를 찾아오도록 만들 수 있다는 걸까? 아까부터 뭔가 다 알고 있다는 듯 얘기하는 이 남자는 운의 비밀에 대해서 정말 뭔가 알고 있는 것일까?

"성공의 비결이 운이라면, 과연 어떻게 해야 운이 좋아질지 궁금한 표정이군요."

내 마음에 들어갔다 나오기라도 한 것처럼 남자는 정확히 찌르고 들어왔다.

"그 전에 하나 분명히 짚고 넘어갈 게 있어요."

설마 운이 좋아지는 비결을 알려주는 대신 돈이라도 달라는 건가 싶어 침을 꼴깍 삼켰다. 아니, 정말 운이 좋아지는 비결 같은 게 있다면 가진 걸 다 털어 줘도 아깝지 않다는 생각도 들었다.

"운에 대한 기본 명제라고 할 수 있죠. 과정은 인간의 영역이에요. 결과는 신의 영역이죠. 결과에 있어서는 운칠기삼이 아니라 운구기일, 운이 9할에 해당한다고 봐야 해요. 내 노력은 겨우 1할밖에 안 된다는 소리죠. 이게 뜻하는 게 뭘까요?"

"결과는 어떻게 될지 아무도 모른다는 뜻인가요?"

"비슷하지만 달라요. 성공의 9할이 운이고, 내 노력이 1할이라는 건 설령 내가 실패하고 일이 잘 안 풀렸다고 해도 내 탓이 아니라는 얘기죠. 9할의 운이 따라주지 않았을 뿐이니까요."

불과 조금 전까지만 해도 일이 엉망으로 꼬여버린 후 '운이 나빠서 그랬을 뿐'이라고 말하는 건 무능한 자의 변명이라고 생각했었다. 하지만 나는 어느새 남자의 말에 고개를 끄덕이고 있었다.

"지금 내 삶이 불만족스럽고 엉망이라면, 그냥 운이 좀 나쁜 것뿐이에요. 그러니까 자책할 필요가 전혀 없죠. 그런데 대부분의 사람은 정반대로 생각하고 행동해요. 인간의 영역인 과정에서는 성실히 노력하지 않으면서도, 운의 영역인 결과를 맞닥뜨렸을 땐 자신을 자책하거나 자기 대신 욕을 먹을 누군가를, 희생양을 찾죠. 정작 인간의 책임 영역인 과정에선 불성실하고, 인간의 손을 떠난 결과에 있어서는 인간에게 책임을 묻는 거예요. 어쩌다 운이 좋아 성공했다 해도 인간의 영역인 과정에서 불성실했다면 지속 가능한 성공은 불가능할 수밖에 없죠. 아까 운이 좋아 성공한 케이스로 떠올린 그 사람, 그 사람 역시 과정에서 힘을 다하지 않았기에 성공을 유지하지 못했을 테고요.”

“그럼 저도… 저도 그저 운이 나빴던 것일까요?”

“왜요? 현재 좋지 않은 상황인가요?”

나는 한참을 머뭇거리다가 어렵게 입을 열었다.

“회사에선 해고당했고, 결혼까지 생각했던 연인에게는 보기 좋게 차였습니다.”

“회사나 여자 친구에게 혹시 불성실했나요?”

“아뇨. 전혀 그렇지 않습니다. 전 정말 한 점 부끄러움 없을 정도로 최선을 다했어요. 그건 자신합니다!”

"인간의 영역인 과정에서 최선을 다한 것이로군요."

"네. 다시 돌아간다고 해도 그때와 달리 행동했을 것 같지 않아요."

"그렇다면 그저 운이 나빴던 거예요. 본인이 뭘 잘못해서 이런 결과를 맞닥뜨린 게 아니라는 소리죠. 과정은 인간의 영역이고 결과는 신의 영역이라는 말, 이 말만큼 단순한 진리가 세상에 또 있을까요? 과정에서 최선을 다했다면 결과는 딱 두 가지뿐이에요. 운이 좋았거나 운이 나빴거나. 내 탓이 아니란 소리죠."

남자의 말이 위로가 되긴 했지만, 무언가 부족한 기분이었다. 지금 내 처치가 내 탓이 아니라 단지 운이 나빴을 뿐이라는 말에 마음이 가벼워지긴 했지만, 그렇다고 해서 내 사정이 달라지는 건 아니기 때문이었다.

"이쯤에서 좋은 소식과 나쁜 소식이 있는데, 뭐부터 듣고 싶어요?"

남자는 생글생글 웃으며 날 바라보고 있었다. 매도 먼저 맞는 게 낫겠다 싶어 나쁜 소식을 먼저 들려달라 했다.

"지금 이 상태가 1년 정도 혹은 길면 2년도 넘게 이어질 수 있어요.”

나쁜 소식이라기에 각오는 했지만, 남자의 말에 기가
팍 꺾이고 말았다. 백수 생활을 2년 넘게 해야 한다는 말인
가. 나이가 더 들어도 여전히 백수라면 연애나 결혼은 꿈도
못 꿀 일이 아닌가.

“이 꼴로 1년에서 2년이라니, 확실히 나쁜 소식이긴 하
네요. 그렇다면 좋은 소식은 뭐죠?”

“믿을 수 없겠지만, 지금 대운이 들어오는 중이에요.
그냥 운이 아니라 대운, 행운이 찾아온다는 말이에요.”

남자의 말은 성공의 결정적인 원인이 운이라는 말을
처음 들었을 때보다 더 어처구니없었다. 이 꼴로 2년을 보
낼지도 모른다면서 대운이 들어오고 행운이 찾아온다는 건
또 무슨 헛소리인가. 실연당한 백수 생활 2년 유지가 행운
이란 말인가?

“한 가지 제안을 하죠. 지금은 내가 꼭 헛소리를 늘어놓
는 것처럼 보이겠지만, 이야기가 끝날 때쯤이면 인생이 바
뀔 겁니다. 어떤가요? 내 이야기가 어떻게 끝날지 궁금하지
않나요? 그러니까 시간을 투자해 보는 건 어떨까요? 돈이

드는 것도 아니고, 손해를 보는 일도 아니에요. 그저 두어 시간을 투자하는 것만으로도 인생이 바뀌는 걸 경험할 수 있을 거예요. 그렇다면 남는 장사 아닌가요?”

남자는 먼저 일어서더니 내 것까지 계산을 마쳤다. 일어서면서 보니 남자의 그릇은 국물 한 방울 남김없이 깨끗이 비운 상태였다. 반면 내 앞에 놓인 국수는 절반도 넘게 그대로 남아있었다. 주인 할머니가 나에게는 국수 양이 많으니 곱빼기를 시키지 말라 했던 게 떠올랐다. 나에겐 양이 많다며 만류했으면서 왜 내 옆에 앉은 60대 남자가 곱빼기를 시킬 땐 가만히 있었는지 궁금했다.

하지만 지금 진짜로 궁금한 건 인생이 바뀔 거라 호언장담한 이 남자가 대체 무슨 이야기를 할 것인가였다. 짧은 대화였지만 남자가 한 말들은 지금껏 한 번도 생각해 보지 못했던 관점의 이야기였다. 한편으론 남자의 말에 반박하고 싶은 마음도 있었다. 나 스스로도 구하지 못한 내 인생을 어떻게 구할 수 있을지, 인생이 어떻게 바뀔 수 있을지 기대하는 마음 반, 당신 역시 어쩔 수 없지 않냐고 따지고 싶은 마음이 반이었다.

끝까지 들어보면 결론이 날 것이니 고민할 필요가 없었다. 어차피 나에겐 시간이 많았다. 그리고 나는 아직 나 자신을 포기하지 않았다. 외면과 희망 중 내기를 걸어야만 한다면, 아직은 희망에 베팅하고 싶었다.

행운이 찾아올 때 일어나는 일들

행운이 찾아올 때 일어나는 일들

팔짱을 낀 연인이 우리 옆을 지나갔다. 여자는 행복한 웃음을 지었고, 남자는 사랑스러워 견딜 수 없다는 눈으로 여자를 바라보고 있었다. 얼마 전까지만 해도 나 역시 저들과 다를 게 없었다. 사랑과 행복이 영원하리라는 믿음 같은 것 말이다.

"혹시 〈굿 윌 헌팅Good Will Hunting〉이란 영화를 봤나요?"

"아뇨. 안 봤습니다."

"하긴, 90년대 말쯤 개봉했던가? 벌써 이십 년도 더 된 영화니 모를 수 있겠네요."

90년대 말이면 내가 초등학교도 입학하기 전 아장아장 걷던 시절이다.

"영화의 주인공은 고아로 위탁 가정을 전전하면서 학대를 당한 청년 '윌'이에요. 그는 천재지만 어릴 때 받은 상처 때문에 모든 인간관계에 두려움을 느끼고, 자신에게 다가오는 사람들을 밀어내기만 하죠. 그 좋은 머리를 놔두고서 허드렛일만 전전하고 상스러운 욕이나 뱉어대며 싸움이나 벌이는 사고뭉치였어요. 윌에게는 죽마고우 같은 친구가 있는데 일용직 노동자예요. 우리로 따지면 일당 잡부, 노가다인 셈이죠. 둘은 서로에게 둘도 없는 진정한 친구였지만, 친구는 주인공과 달리 천재가 아니었어요. 그냥 흔한, 우리 주변의 범재일 뿐이었죠. 그 친구는 윌에게 이렇게 말해요. '네가 만약 20년 후에도 이딴 막노동이나 하고 우리 엄마 방에서 야동이나 보고 있으면 그땐 내가 널 죽일 거야. 넌 당첨 번호를 쥐고 있는데 돈으로 바꾸기 두려울 뿐이잖아!'라고요."

"진정한 친구라면서 말투는 그렇지 못한대요?"

"왜냐하면 친구가 자신과 다르다는 걸 잘 알고 있기 때문이에요. 천재의 두뇌를 지니고도 범재만도 못한 삶에 만족하고 안주하려는 꼴을 보고 친구로서 직언을 한 거죠. 그 친구는 이런 말도 해요. 만약 본인이 주인공처럼 천재였다면 자기는 결코 이런 시궁창 같은 삶을 살지 않을 거라고요.”

잠깐 검색해 보니 영화 〈굿 윌 헌팅〉의 각본은 주연과 조연을 맡은 맷 데이먼과 밴 애플렉의 공동 집필이었다. 영화는 아카데미에 노미네이트되었고, 주인공의 심리 상담사 역할을 맡은 로빈 윌리엄스는 아카데미 조연상을 수상했다. 맷 데이먼은 아카데미 주연상 후보에 올랐으나 수상은 하지 못했다. 대신 영화 속에서도, 실제 삶에서도 친구였던 맷과 밴이 아카데미 각본상을 수상했다. 이후 둘은 할리우드 최고의 배우로 대성했다.

“친구는 윌에게 보기 싫으니까 꺼지라고 한 게 아니에요. 윌이 더 넓은 곳에서 꿈을 펼치길 진정으로 바랐던 거죠. 그래서 모든 터전을 버리고 떠나기를 바랐던 거예요. 실제로 영화에서 그렇게 말해요. ‘생애 최고의 날이 언젠지 알아? 내가 너희 집 골목에 들어서서 네 집 문을 두드려도 네가 없을 때야. 안녕이란 말도, 작별의 말도 없이 네가 떠났을 때라고. 적어도 그 순간만은 정말 행복할 거야.’라고요. 비디오 테이프가 늘어지도록 스무 번도 넘게 본 영화라 똑똑히 기억하고 있어요. 아, 비디오 테이프 얘길 하니까 너무 나이 들어 보이는군요.”

남자는 좋았던 추억을 떠올리기라도 하듯 개구쟁이 같은 눈빛을 보이며 호탕하게 웃었다.

“그래서 결국 떠났나요?”

“네. 떠났죠. 윌의 친구들이 직접 엔진을 갈아 끼우고 수리해서 선물한 고물차를 타고, 친구의 소원대로 말도 없이 떠났어요. 취업이 확정된 대기업 자리도 마다하고, 본인이 일부러 밀어낸 여자 친구를 잡기 위해 떠나요. 영화는 그렇게 끝나지만 주인공 윌에게는 지금껏 경험하지 못한 신세계가 열리리라는 걸 충분히 예상할 수 있죠.”

“그런데 그 영화가 대체 제 상황과 무슨 관계가 있다는 건가요?”

사실 더 나빠질 것도 없는 내 상황을 듣고서도 왜 대운이 찾아온다고 말했는지 궁금해 미칠 지경이었다.

“영화는 주인공 윌이 성공한 걸 보여주지 않고 끝나요.

수학계의 노벨상이라 불리는 필즈 상을 수상한 MIT 교수가 추천한 일자리마저 팽개치고 여자 친구를 잡기 위해 떠났으니, 주인공은 여전히 백수 신세에 가진 거라곤 고물차 한 대뿐이죠. 여자 친구와 둘이서 행복하게 오래오래 잘 살았습니다, 이렇게 끝난 것도 아니에요. 여자 친구를 잡기 위해 떠났지만 극적인 재회의 키스신을 보여준 것도 아니니까요.

대체 무슨 말을 하려고 영화 얘기를 하는 건가 싶어 남자를 바라보았다. 남자는 나의 애타는 마음을 외면하듯 싱긋 웃으며 잠시 뜸을 들이다 입을 열었다.

"영화 속 주인공의 상황은 대운이 들어오는 과정을 잘 보여준다고 할 수 있어요. 꿈같은 행운이 찾아오기 직전까지를 보여주는 거죠."

"그건 영화니까 그런 거 아닌가요?"

"아뇨. 소설이나 영화보다 더 드라마 같은 게 우리의 인생이죠. 가끔 삶에서 벌어지는 일들을 보고 있노라면 이런 생각이 들어요. 내 삶을 드라마나 영화로 만든다면 개연성도 논리도 없이 우연에 기대 스토리를 끌고 나가는 형편없는 각본이라고 혹평을 듣겠다 싶어요.

남자의 말에 나도 모르게 고개를 끄덕이고 말았다. 쓰나미처럼 내게 닥친 해고나 실연에 어떤 전조 같은 건 없었다. 그저 벼락처럼 어느 하루에 벌어진 일들이었다. 소설이나 영화에는 복선이 있고 암시가 있다. 속된 말로 훗날의 사건을 짐작할 만한 밑밥을 뿌려놓는데, 내 삶에는 그런 친절한 장치가 숨어있지 않았다. 조금이라도 예고가 있었다면 미리 준비했을 것이다. 하지만 나쁜 일들은 허락이나 양해도 구하지 않고 내 삶에 제멋대로 끼어들었다. 지금까지 늘 그랬다. 만약 신이 있다면 내 삶이란 이야기는 너무나 쓰기 싫은 나머지 필연성과 개연성 따윈 던져버리고 아무렇게나 휘갈긴 게 아닐까 싶을 정도였다.

“행운이 찾아올 때 공통적인 특징이 있어요. 바로 주변이 정리된다는 거죠.”

“주변이 정리된다는 게 뭘 뜻하는 건가요?”

“흔한 경우는 이직이나 퇴사죠. 물론 해고도 포함돼요. 실연도 마찬가지고요.”

“이직이나 퇴사까진 이해하겠는데, 해고와 실연이 어떻게 행운이 찾아올 때의 특징이 된다는 거죠? 그건 그냥 망한 거 아닌가요?”

“컴퓨터가 바이러스에 감염되었어요. 바이러스를 치료할 수 있다면 가장 좋겠지만, 그럴 수 없을 때는 어떻게 해야 하죠?”

“아무래도 포맷해야겠죠. 밀어버리는 거 말고는 다른 수가 없잖아요?”

“그렇죠. 모든 걸 리셋하는 거죠.”

“그런데 컴퓨터를 포맷하는 것과 행운이 무슨 관계라는 건가요?”

나도 모르게 남자의 대답을 재촉하고 있었다. 빙글빙글 돌아가지 않고 답만 듣고 싶었다.

“관계가 정리된다는 건, 바이러스에 걸린 내 삶을 포맷하고 리셋하는 거예요.”

“말도 안 돼요! 그렇다면 제 삶이 뭐 바이러스에 감염되기라도 했다는 건가요?”

내가 기대한 답이 아니었기에 나도 모르게 목소리가 커졌다.

“난 정말 최선을 다했어요! 꼼수를 부린 적도 없고, 부끄러운 짓도 한 적이 없어요! 바이러스는커녕 지극히 성실하고 정상적인 삶을 살았다고요! 그런데도 결과는 이 모양 이 꼴이잖아요! 근데 뭐요? 이게 행운이 찾아올 때의 특징이라고요? 컴퓨터 포맷은 내가 하는 거지만, 관계를 정리한 건 내가 아니라고요! 오히려 나라는 인간이 사회로부터 정리당한 거라고요!”

분노가 담긴 항변에 주변에 있던 이들이 흘끔흘끔 나를 쳐다보는 게 느껴졌다. 하지만 아무렇지 않았다. 어차피 딱히 더 잃을 것도 없었다. 모두 될 대로 되라는 심정이었다. 하지만 화가 치밀어 오른 나와 달리 남자는 차분한 표정 그대로였다.

“맞아요. 정확한 지적이에요. 해고당하고 차였으니 본인이 정리한 게 아니라 정리당한 게 맞죠.”

“네? 뭐라고요?”

이 남자가 지금 나를 놀리나 싶어 말문이 턱 막혔다.

“그럼 하나 물어봅시다. 만약 당신이 해고되지 않고, 실연도 당하지 않았다면 본인이 먼저 그 회사를 박차고 나왔을까요? 여자 친구에게 헤어지자고 먼저 말했을까요?”

그럴 리 없었다. 멀쩡한 직장에 사표를 던질 이유도, 잘 만나고 있던 연인에게 헤어지자고 말할 이유도 없었다.

“바이러스에 걸린 컴퓨터를 그대로 놔두는 게 옳은가요? 아니면 싹 다 포맷하고 컴퓨터를 살리는 게 나을까요?”

“왜 자꾸 컴퓨터 타령인데요? 난 바이러스 따위에 걸린 적이 없다고요!”

“그러니까, 그대로 놔두는 게 나아요, 포맷하는 게 나아요?”

남자는 물러설 기미가 없어 보였다. 이 질문에 대답하지 않으면 더는 앞으로 나갈 수 없다는 듯 단호했다.

“컴퓨터를 버릴 게 아니라면 싹 다 포맷하고 윈도우부

터 새로 깔아야죠. 귀찮더라도요.”

“맞아요. 컴퓨터를 버릴 게 아니라면 포맷해야죠. 삶도 마찬가지예요. 새 술은 새 부대에 담으라잖아요?”

“새 부대에 새 술, 다 좋다 이거예요. 그런데 새 술을 채우려고 해고와 실연이라니 너무 극단적인 거 아닌가요?”

남자가 처음으로 답답하다는 듯 한숨을 내쉬었다.

“다시 물을게요. 회사에 사표 집어던지고 여자 친구랑 헤어질 계획 있었어요?”

“진짜 답답하시네요. 이게 무슨 도돌이표도 아니고.”

“그러니까 계획이 있었냐고요?”

화나는 건 난데, 오히려 남자의 표정이 딱딱하게 굳어 있었다. 조금 전까지는 사람 좋은 아저씨처럼 느껴졌는데, 지금 내 앞에 선 남자는 마치 단호하고 철두철미한 교관처럼 느껴졌다.

“제가 왜 제 손으로 사표를 쓰고 여자 친구랑 헤어집니까? 제 발로 복을 걷어차는 짓이잖습니까?”

“맞아요. 오래되고 기능이 저하된 컴퓨터 역시 문제가 생기기 전까지는 포맷하거나 업그레이드할 필요성을 못 느끼죠. 그냥 평소처럼 하던 대로 하는 게 편하니까요. 바이러스에 감염되든, 프로그램 구동이 잘 안 되거나 느려지는 등 문제가 코앞에 닥쳐야만 비로소 바꿀 생각을 하게 되죠.”

“하지만 제게는 문제가 없었어요! 문제가 있던 건 제가 아니라 최 이사였다고요! 모든 문제를 다 끌어안고 있던 인간은 지금도 멀쩡히 회사에 잘만 다니는데, 문제를 지적한 저만 버림당한 거잖습니까!”

“성실하고 당당하게 살아왔다는 건 알겠어요. 하지만 문제가 있는 인간과 사사건건 부딪치느라 극심한 스트레스를 받아왔다는 건 문제가 아닌가요? 오히려 더 큰 문제 아닐까요?”

갑자기 망치로 머리를 한 대 맞은 기분이었다. 생각해보면 내가 인정하고 받아들일 수 없었던 최 이사라는 인간 때문에 회사에 출근하는 것 자체가 싫어질 때가 많았다. 특히 주간회의가 열리는 월요일 아침을 앞둔 일요일 저녁부터 신경성 위염이 나를 덮쳤다.

일요일 저녁만 되면 나는 극도로 예민해졌고, 여자 친구의 작은 행동 하나에도 민감하게 반응하기 일쑤였다. 그렇다고 이런 사정을 일일이 설명하는 것도 힘들었기에 늘 적당한 핑계를 대며 일요일 오후에는 여자 친구와 일찍 헤어지곤 했다. 이런 나를 보며 승진이나 연봉 인상 같은 욕심을 가진 충성스럽고 애사심 넘치는 직원으로 오해했던 여자 친구는 내 직속상관인 최 이사와의 갈등 사실을 알고 난 후 나를 한심하게 바라보기 시작했다.

내 명줄을 쥔 최 이사한테 밉보여서 좋을 게 뭐 있냐는 거였다. 사춘기 중학생도 아니고 사회생활 짬이 몇 년인데 아직도 그런 일들에 일희일비하면서 스트레스를 받느냐며 나를 애 취급하기도 했다. 그러고 보니 여자 친구와의 틈은 이미 조금씩 벌어지고 있었다. 나도 모르는 새 인연의 끈이 너덜너덜해지고 있었지만, 괜찮다며 애써 부인해 온 건 나 자신이었다.

"운이라는 건 지금보다 더 나은 어딘가로 나를 이끄는 거잖아요? 그런데 사람들은 열이면 열, 자기 발로 자신이

처한 곳을 떠날 생각을 못 해요. 인간은 원래 그렇게 생겨먹었어요. 아주 오래전 인간은 도구와 기술을 얻고 나서 정착을 시작했죠. 오늘 하루만 사는 유목 생활에 비해 정착 생활은 비교도 할 수 없을 만큼 안온하고 평화로웠죠. 그렇기에 정착촌에서의 추방은 죽음과 다를 게 없었어요. 울타리 바깥으로 튕겨 나간다는 건 땀을 흘리며 다시 돌밭을 일구고 야생동물로부터 자신을 보호할 수 있는 울타리를 새로 쌓아 올려야 한다는 뜻이었으니까요. 만약 무리에서 추방당한 인간이 울타리를 채 쌓기도 전에 들짐승에게 공격을 받는다면 꼼짝없이 죽을 수밖에 없었어요. 농작물을 경작하고 추수하기 전에 식량이 떨어지면 굶어 죽을 수도 있었죠. 결국 인간은 무리 속에서 살아남도록 진화해 왔어요. 아무리 거지 같은 직장이어도 생존의 위협 앞에서 결국 어느정도는 포기해 버린 채 적응하고 견디게 돼요. 의미 없이, 새로운 도전 없이 그저 출근만 하는 거고, 출근한 바로 그순간부터 퇴근만을 기다리는 거죠. 개똥 같은 회사라도 이미 높게 둘러쳐진 울타리 안에서 보호받으며 매년 해오던 일을 하면서 더럽고 치사해도 버티다 보면, 먹고 사는데 지장은 없잖아요? 애초에 회사에 기대조차 없는 사람들은 최 이사가 어떤 패악을 부리든 신경도 안 써요. 그저 '나만 아니면 돼.'라고 생각하죠. 어차피 누군가 희생양이 정해진다면, 희생양이 아닌 사람들은 더 편히 지낼 수 있을 테고요."

부인할 수 없었다. 다들 뒤에서는 나에게 박수를 쳤다. 어둑한 밤이면 술집 구석에서 건배를 외치고 잔을 부딪치며 최 이사를 함께 욕했지만, 밝은 낮 회의실에서 최 이사에게 이견을 제시하는 사람은 나밖에 없었다. 나더러 잘하고 있다며 커피를 사주곤 했던 내 사수는, 내가 오기 전까지 최 이사의 밥이었다. 그러다 나라는 뉴페이스가 등장해 정의의 사도로 총대를 메자, 사수에게 향하던 최 이사의 밑도 끝도 없는 공격이 모두 나에게로 옮겨왔다.

내 사수가 나에게 잘해준 건 내가 잘해서가 아니라 자기가 당할 갈굼을 내가 다 떠안았기 때문이었다. 손도 안 대고 코를 풀었으니 사수 입장에서 내가 얼마나 예쁘게 보였을까? 회사가 아니라 사수 자신에게 꼭 필요한 인재가 바로 나였을 것이다. 대신 살을 맞아줄 존재.

"반대로 최 이사 입장에서는 태형 씨가 바이러스로 보

였을 수도 있죠.”

남자는 내 이름을 알고 있었다. 남자에게 내 이름을 말한 적이 있었던가 잠시 의아했지만, 최 이사 입장에서는 오히려 내가 회사에 스며든 바이러스로 보일 수 있다는 얘기가 너무 충격적이었기에 의문 따윈 금세 잊어버렸다.

“최 이사는 바이러스 치료를 위해 포맷, 그러니까 해고를 한 셈이에요.”

“제가 조직의 바이러스라서 해고라는 포맷을 했다는 말씀이군요.”

“그렇죠.”

너무나 태연한 대꾸에 분노가 치밀어 올랐다. 어찌나 화가 끓어오르는지, 사람이든 뭐든 한 대 치고 들이받고 싶었다. 다 안다는 듯 태연하게 말하는 남자에게 남자의 논리로 따지고 싶었다.

“그렇다면 저를 내보내고 관계 리셋을 했으니 최 이사에게도 곧 대운이 들어오는 건가요? 아까 그랬잖아요? 관계가 정리되는 게 대운이 다가올 때의 공통적인 특징이라면서요?”

“아니죠, 아니죠. 태형 씨를 내보냈으니 최 이사 주변에는 최 이사에게 동조하는 무리만 남았잖아요? 이건 관계를 정리하고 리셋한 게 아니라 오히려 기존 관계를 더 공고히 한 거죠.”

“그게 무슨 차이가 있나요?”

“운을 끌어당기는 것과 다가오는 운을 튕겨내는 차이가 있죠. 보세요. 태형 씨가 볼 때 최 이사는 회사에 침투한 바이러스 같은 존재죠. 반대로 최 이사는 태형 씨라는 존재가 사사건건 자기 말에 트집을 잡는 눈엣가시, 말 그대로 바이러스예요. 해고당하는 자와 해고하는 자, 관계가 정리된 자와 관계를 정리한 자가 있지만, 태형 씨는 해고를 통해 바이러스에 침식된 조직에서 튕겨 나왔어요. 감염된 조직에서 자의든 타의든 탈출한 거라고요. 쉽게 말해 볼까요? 최 이사를 좀비 바이러스 보균자라고 생각해 봐요. 계속 그 조직에 남아있다가 나까지 감염돼 좀비가 되는 게 좋겠어요? 아니면 조직에서 버려지더라도 정상적인 인간들 틈에서 인간으로 살고 싶은가요? 당장은 최 이사가 승자 같겠지만, 최 이사는 오히려 인간이 될 마지막 기회를 제 손으로 차버린 거예요. 간신 우두머리 주변에 똑같은 간신만 남았으니 과연 언제까지 갈 수 있을까요? 다 똑같은 좀비로만 가득해서 더 이상 물어뜯을 인간이 없어지면 좀비는 어떻게 살아남을 수 있죠? 역설적이게도 인간이 있어야만 좀비도 살아남을 수 있어요. 좀비의 먹잇감인 인간이 사라지면 좀비라고 살길이 있을까요? 다 똑같은 것들만 모여 있다면 결국 내분이 일어나고 와해되는 결론만 남은 셈이죠. 최 이사 입장에서 이게 과연 복이고 행운일까요?"

신기하게도 조금 전까지는 침을 튀기며 목소리를 높였는데, 어느새 마음이 조금씩 차분히 가라앉고 있었다. 맞다. 나는 인간이다. 나는 바이러스에 감염된 좀비가 되기 싫어서 인간으로서 내 의견을 피력하며 일해 왔다. 나 하나 살겠다고 내 옆의 멀쩡한 인간을 물어뜯는 좀비가 될 수는 없었다. 어쩌면 헤어진 여자 친구는 나더러 인간성 따윈 개나 줘 버리고 차라리 좀비가 되는 게 더 편하다고 채근한 것일지도 모른다.

"남자의 지조는 자신이 모든 걸 가졌을 때 드러나고, 여자의 지조는 자신의 남자가 모든 걸 잃었을 때 드러난다는 말이 있죠.”

어디선가 들어본 적 있는 말이었다. 실제로도 그런 경우를 종종 접하기도 했다. 예상치 못한 성공을 거둔 남자들은 어려웠던 시절 함께한 지고지순한 여인이 아니라 새로운 여자들에게 눈을 돌렸다. 다른 여자들의 환심을 사기 위해 많은 돈을 쓰고 엉뚱한 일에 힘을 쏟았다. 거래처나 협력업체의 사장들 중에는 내 앞에서 세컨드와 통화하거나 대놓고 불러내 애정 표현을 하는 이들도 있었다.

그 남자들의 스마트폰 홈 화면에는 약속이나 한 것처럼 단란한 가족 사진이 박혀 있었다. 그들은 딸이라고 해도 믿을 법한 어린 아가씨의 허리를 끌어안거나, 아무리 봐도 부인보다 나을 게 없는 다른 여자에게 시간과 열정을 바쳤다. 분명 성공을 이루기 전까지 삶이라는 전장을 함께 헤쳐 온 동료이자 전우는 부인이었건만, 다 갖게 된 이후의 남자들은 약속이나 한 듯 본업이나 아내와 가장 멀리 있는 것들에 시간과 돈을 쏟아부었다. 그리고 여자들은 어땠는가.

“어떤가요? 여자 친구와는 왜 헤어졌죠?”

아무 대답도 하지 못했다. 내가 모든 걸 잃었다고 생각했을 때 그녀는 너무도 가볍게 날 떠나 버렸다. 남자의 지조는 모든 걸 갖게 되었을 때 시험받고, 여자의 지조는 자신의 남자가 모든 걸 잃었을 때 민낯을 보인다.

"태형 씨가 그토록 성실히 일했어도 해고당한 건 단지 운이 나빴기 때문이고, 오히려 그로 인해 더 큰 운이 찾아오게 된 거예요. 여자 친구와 헤어진 건 단지 인연이 아니었기 때문이에요. 아까 말했죠? 과정은 인간의 영역이고 결과는 신의 영역이라고. 다 잃었다고 느낄 때 나를 버려두고 떠난 연인이라면, 설령 이번에 해고당하지 않았어도 태형 씨가 다른 어떤 방식으로든 빈털터리가 되거나 힘든 일을 겪을 때 똑같은 행동을 했을 가능성이 커요."

"어차피 절 버리고 떠났을 거란 얘기인가요?"

"그렇지 않을까요? 진짜 인연이고 운명이라면 태형 씨가 모든 걸 잃었을 때 오히려 곁을 지켜줘야 하는 거 아닌가요? 난 그렇게 생각하는데?"

갑자기 코끝이 찡해졌다. 사람은 죽음이나 이별을 경험했을 때 현실을 부정하고 잘 받아들이지 못한다고 한다.

부정의 시간이 지나고 분노가 휩쓸고 지나간 후 타협과 슬픔의 시간을 거치고 나서야 겨우 현실을 받아들인다고 한다. 그저 열심히 살아온 내가 하루아침에 해고당하고, 취업희망카드를 들고 고용복지센터에 가게 될 거라고는 생각도 못 했다.

그냥 묵묵히 열심히 살다 보면 결혼도 하고 아이도 낳고 행복할 수 있으리라 생각했는데, 상대는 나와 같은 꿈을 꾸지 않았다는 사실, 그녀가 날 버리고 떠났다는 사실도 받아들이지 못했다. 그런데 오늘 처음 만난 이 남자 앞에서 화를 내고, 내 잘못이 아니라 단지 운이 나빴을 뿐이라는 말을 듣자 가슴 속 저 깊은 곳에 감춰두었던 감정이 스멀스멀 기어오르는 걸 느꼈다.

지금껏 부정하고 화내고 우울했지만, 결국 받아들여야만 하는 현실. 나도 모르게 눈물이 뚝 떨어졌다. 홀어머니가 돌아가신 후로 한 번도 울지 않고 버텨왔는데, 어이없이 이름도 모를 남자 앞에서, 해가 쨍쨍한 한낮의 거리에서 눈물을 흘리고 말았다.

"<굿 윌 헌팅> 영화에서 말이에요, 심리 상담사인 로빈 윌리엄스가 주인공 맷 데이먼에게 이 말을 해요. 'It's not your fault.' 네 잘못이 아니야, 라고 말이죠. 맷 데이먼은 안다고, 내 잘못이 아니라는 걸 안다고 웃으며 대꾸하는데도 로빈 윌리엄스는 열 번은 넘게 같은 말을 반복해요. 네 잘못이 아니야, 네 잘못이 아니야, 네 잘못이 아니야, 무려 열 번 넘게 네 잘못이 아니라고 말해요. 왜 그랬을까요?"

입 밖으로 말을 꺼내지는 못했지만 어렴풋이 알 것 같았다. 난 아무 잘못이 없고 오로지 세상이 잘못된 거라고 부르짖었지만, 사실 마음속으로는 내 잘못이라고 생각하고 있었다. 해고든 실연이든 내 탓이라는 자책감이 내 속에 똬리를 틀고 있었다. 정신과에 가보면 정작 병원에 와야 할 미친놈들은 없고, 그 미친놈들에게 괴롭힘을 당하고 상처받은 사람들만 가득하다고 했던가.

나에게 상실을 안겨주고 날 밀어낸 이들은 아무렇지도 않게 자리에 누워 좋은 꿈을 꾸며 아무 일 없었다는 듯 잘 살아갈 것이다. 죽을 때까지 '내 문제'가 아니라 '네 문제'라고 남 탓을 하면서 잘만 살아갈 것이다. 반대로 부끄럽지 않게 살아왔다고 자부했지만 결국 밀려난 나 같은 녀석들은 '내 잘못'이 아니라고 항변하고 화를 내면서도 속으로는 '그때 내가 이렇게 행동했으면 어땠을까?', '내가 좀 더 현명하게 행동했다면 괜찮지 않았을까?'라고 후회하면서 자책하고 또 자책하다가 꿈에서까지 내 잘못이라고 가슴을 쳐댔을지도 모른다.

It's not your fault. 나를 위해 나 자신에게 말해준다. 태형아, 네 잘못이 아니야. 네 잘못이 아니야. 정말 네 잘못이 아니라니까? 뭐? 내 잘못이 아니라는 걸 안다고? 아냐, 넌 아직 몰라. 빌어먹을 하늘에 맹세하건대 네 잘못이 아니야! 잇츠 낫 유어 폴트! 말도 안 되는 지금 이 상황은 결코 네 잘못이 아니라고! 알아듣겠어?

인간의 영역에서 나는 할 수 있는 만큼 다 했다. 내가 감당하고 책임져야 할 건 과정이다. 난 과정에 후회가 남지 않는다. 그에 딸려 오는 결과가 좋지 않은 건 그저 운이 없었기 때문이다. 세상에는 너무나 많은 변수가 있고, 변수에 오염될 수밖에 없는 결과는 인간이 좌지우지할 수 없다. 난 혼자가 됐지만 버림받은 게 아니다. 난 좀비 소굴에서 튕겨 나왔고, 비로소 인간의 세계에 홀로 던져졌다. 난 혼자지만, 이제 운이 좋아질 일만 남았다. 나는 지독히도 운이 좋아질 사람이다.

운이라는 건
겨울에서 봄이 오는 것과 같다

"운이 찾아올 무렵엔 환경이 바뀌고 외로워지는 게 정상이에요. 운은 겨울에서 봄이 오는 것과 같거든요."

그렇게 따지면 내게는 당장이라도 운이 찾아와야만 한다. 내 환경은 완전히 바뀌었고, 솔직히 요새 난 무척 외롭기 때문이다.

"추운 겨울이 지나고 따뜻한 봄이 오면, 사람들은 한결 가벼워진 옷차림과 표정으로 봄을 만끽하죠. 가을에서 겨울로 넘어갈 때 가로수를 보면 풍성했던 잎을 다 떨구고 앙상한 가지만 남잖아요? 마치 세상에 혼자 남겨진 것처럼 말이에요. 그러다 봄이 되면 언제 겨울이었냐는 듯 싱그러운 연둣빛 새잎이 돋죠. 원래의 잎을 모두 떨구는 건 당장은 외롭게 혼자 남겨지는 것 같지만, 오히려 새로운 잎과 새 생명을 받아들일 준비를 하는 거예요. 묵은 걸 털어버리고 새로운 인물과 새로운 모습, 달라진 인상으로 세상을 마주하게 되는 거죠. 이직이나 퇴사, 해고, 이혼에 이어 주변 인간관계가 정리되는 건 형형색색으로 물든 잎을 떨구고 앙상한 맨몸으로 세상에 홀로 서는 것과 같아요. 그게 다 봄이라는 행운을 맞이하기 전 겨울을 거치는 시기일 뿐이죠.”

“결국 봄처럼 다가올 운을 맞이하기 위해 차디찬 겨울을 거쳐야 한다는 건가요?”

“그렇죠. 혹시 부레옥잠 알아요?”

“연못이나 호수에 둥둥 떠 있는 식물 아닌가요?”

“맞아요. 부레옥잠은 잎자루 안에 공기가 있어 물에 뜰 수 있는 식물이에요. 수질 정화에 탁월한 이로운 식물로 여겨지죠. 하지만 그건 우리나라에서나 통하는 얘기예요. 부레옥잠은 전 세계적으로 악마의 잡초라 불리니까요.”

“우리나라 부레옥잠과 외국 부레옥잠은 다른가요?”

"아뇨. 똑같은 부레옥잠이에요. 하지만 환경 때문에 평가가 완전히 갈리는 거죠. 부레옥잠이 악마의 잡초로 불리는 건 엄청난 번식력 때문이에요."

"수질 정화에 도움이 되는 식물이라 하셨으니 많으면 많을수록 좋은 게 아닌가요?"

"세상 모든 일은 '적당히'가 중요해요. 적당히 퍼져 있을 땐 수질 정화는 물론이고 산소 생성에도 도움이 되지만, 부레옥잠이 호수 전체를 뒤덮어 버리면 햇빛을 막기 때문에 물속 식물들이 광합성을 할 수 없고, 물고기들은 오히려 산소부족으로 죽게 돼요. 결국 부레옥잠으로 가득 찬 곳은 아무 생물도 살 수 없는 죽음의 호수가 돼버리죠."

"듣고 보니 악마의 잡초가 맞네요. 그런데 왜 우리나라에서만 문제가 안 되는 거죠?"

"겨울 때문이에요. 부레옥잠은 열대지역인 아마존이 원산지예요. 그곳에서 부레옥잠은 여러해살이 식물로 끊임없이 번식하죠. 하지만 우리나라에는 아마존에 없는 게 있어요. 바로 혹독한 겨울이죠. 아마존에서 여러해살이풀인 부레옥잠은 우리나라에서만큼은 한해살이풀인 셈이에요.

겨울이 되면 싹 죽어 없어지니까 우리나라에서는 수질 정화 목적으로 부레옥잠을 얼마든지 뿌려도 되는 거죠. 좋은 것도 과하면 독이 되는데, 혹독한 겨울이 오히려 부레옥잠의 가치를 높여주는 셈이에요.”

악마의 잡초로 불리는 부레옥잠이 우리나라에서는 오히려 이로운 식물로 둔갑한다니 놀라울 따름이었다.

“맑은 산소를 운이라 생각하고, 부레옥잠을 내 주변 인간관계와 커뮤니티로 생각해 보면 이해가 쉬워요. 나에게 살아갈 산소를 공급해 주고 몸을 맑게 해주는 부레옥잠도 너무 많아지면 오히려 내 코와 입을 틀어막아 숨을 못 쉬게 하고 끝내 죽음에 이르게 할 거예요. 과한 모임이나 인맥 관리도 정도를 넘어서면 과유불급일 뿐이에요. 하지만 자기 손으로 모임을 정리하거나 자신에게 해가 되는 관계를 끊는 건 쉽지 않죠. 외부적인 특별한 계기가 있어야만 가능해요. 그러니 혹독한 겨울 같은 외부적 충격이 다가와서 관계와 환경을 리셋시켜야만 내 운명 생태계가 아무 이상 없이 돌아갈 수 있는 거죠. 인생의 혹독한 겨울은 당장 지날 땐 힘들지만, 오히려 나를 살리고 더 신선한 산소를 공급해

주기 위한 과정인 거예요. 더 맑고 깨끗한 운을 가지고 오기 위해 혹독한 겨울을 지나며 고독에 처할 필요가 있다는 거죠. 무인도에 홀로 남겨진 것과 같이 혼자 섬처럼 놓일 시기가 꼭 필요하다는 뜻이에요.”

나는 남자의 말을 곱씹고 또 곱씹었다. 내가 몸담았던 직장과 헤어진 연인은 한때 부레옥잠처럼 내게 삶의 의미와 활력을 주었던 존재였다. 하지만 내게 겨울이 닥쳤고, 직장과 연인은 나를 버렸다. 나는 세상에 맨몸뚱이로 던져졌다. 세상의 한파에서 헐벗은 내 몸을 감싸줄 존재나 환경은 아무것도 남아있지 않다. 하지만 이 상황이 앞으로 다가올 봄과 행운을 맞이하는 과정의 일부라면 조금은 더 버틸만하다는 생각이 들었다.

우리가 두려움에 빠지는 건 당장 내일 무슨 일이 일어날지 알 수 없기 때문이다. 암흑의 터널을 지날 때 ‘과연 끝이 있긴 한 것인가’ 확신할 수 없기 때문이다. 오늘의 고통에도 결국 끝이 있다는 걸 안다면 두려울 게 없다. 끝이 있다면 그 끝에 닿기까지 그저 견디면 된다는 걸 알기 때문이다. 우리는 고통을 두려워하는 게 아니라 고통에 끝이 없을지도 모른다는 생각 때문에 두려워한다. 끝을 안다면 끝까지 버티면 된다. 이 또한 지나가리라 스스로를 위로할 수 있기 때문이다.

"물론 지금 당장은 정말 괴롭고 자책도 되고 힘들겠죠. 희망이 있다 해서 오늘의 고통이 달콤해지는 건 아니니까요. 하지만 이 시기가 지난 후 운이 찾아오는 과정 중에 반드시 나타나는 또 하나의 신호가 있어요."

"또 하나의 신호요? 그게 뭐죠?"

"나에게 영향을 끼칠만한 새로운 사람이 나타난다는 거죠."

"새로운 사람요?"

"전혀 모르던 사람일 수도 있고, 그저 얼굴만 알고 지낸 데면데면한 사이였는데 갑자기 가까워지는 사람일 수도 있죠. 기존 인맥에 둘러싸여 있었다면 결코 접점이 없었을 그런 인연이라고 보면 되겠네요."

그런 사람이 누가 있을까 곰곰 생각해 보니 떠오르는 얼굴이 하나 있었다. 은서였다. 최 이사의 추파와 성희롱에

시달렸던 인턴 후배. 직급 차이도 있고 업무의 접점도 많지는 않아 말도 제대로 걸어본 적 없었다. 인턴을 챙길 짬이 아니기도 했고, 업무 외의 사담을 즐기지도 않는 편인 데다 결정적으로 스몰토크에 재주가 없는 성격도 한몫했다.

일단 나이 차가 있으니 세대 차이가 느껴지기도 했다. 회식 2차로 노래방에 갔을 때 은서가 부르는 노래를 들으며 저건 누가 부른 노래인가, 어디에서 들어본 것 같기도 한데 "이 노래 누가 부른 거야?"라고 물었다가 괜히 아재 취급을 받을까 싶어 노래방 책자나 뒤적였던 기억이 난다. 그러고 보니 노래방 책자를 뒤적이는 건 나뿐이었다. 어린 친구들은 노래방 리모컨 하나로 가수와 노래를 찾아 손쉽게 예약했다.

최 이사는 "거 그 노래 있잖아, 그거 뭐지?"라고 말만 하면 옆에 찰싹 달라붙어 있던 누군가가 스무고개 하듯 최 이사의 기억을 끄집어내어 제목을 알아내 예약해 주곤 했다. 권력자와 어린 친구들의 딱 중간에 낀 나는 능숙하게 노래방 리모컨을 다루지도 못했고, 누구처럼 대신 예약해 줄 사람도 없었다.

"노래 안 부르세요?"

“네?”

“노래 안 부르시냐고요?”

술기운에 약간 홍조가 오른 은서가 곁에 다가와 활짝 웃으며 노래 안 부르냐고 물었을 때만 하더라도 은서의 표정은 밝았다. 그 후 은서는 우리가 흔히 아는 찌들대로 찌든 직장인의 얼굴이 되어갔다. 기쁨도 슬픔도 드러나지 않는, 가끔 짜증이 확 치밀어 오르지만 얼른 가면 아래로 감정을 갈무리하는 직장인의 얼굴. 처음엔 은서에게 호의적이었던 직원들도 최 이사가 은서에게 추파를 던지고 길들이기를 시작하자 은서를 무시하고 따돌리기 시작했다.

“요즘 최은서 씨는 어때요?”

“네? 뭐가요?”

“인턴이잖아요? 업무에 잘 적응하는가 싶어서요.”

“요즘 애들이 뭐 다 그렇죠.”

그렇게 심드렁하게 대꾸하고 자릴 피하는 이는 실상 은서와 몇 살 차이 나지 않는 평사원이었다. 다만 다른 게 있다면 정직원이냐 인턴이냐 뿐. 멀리서 봐도 은서는 크게 나무랄 게 없었다. 아니, 오히려 잘했다. 일머리도 있었고 손도 빨랐다. 1, 2년 차 정직원들과 비교해도 은서가 더 돋보이면 돋보였지 모자라지 않았다. 거래처 전화 응대만 보더라도 경력 있는 신입사원이 아닐까 의심될 지경이었다.

"대리님, A사 관계자이신데 전화 돌려드릴까요?"

"아, 몰라. 지금은 안 돼. 그냥 외근 나갔다고 해줘."

은서가 수화기를 막은 채 물었지만, 짜증과 피로감이 묻은 박 대리의 날 선 목소리는 은서의 손가락 틈을 비집고 상대에게 전해졌을 게 분명했다. 선배 노릇을 못 하는 무늬만 선배인 박 대리는 무책임하게 자릴 박차고 나가 버렸다. 은서가 대체 무슨 말을 어떻게 했는지 모르겠지만, 나중에 보니 A사 관계자와 웃으며 통화를 마무리하고 있었다.

사정을 알고 보니 박 대리의 실수로 A사에 피해가 생긴 상황이었다. 사람과 사람 사이에 생긴 문제라면 결국 해답 역시 사람이 갖고 있기 마련이다. 하지만 자신의 착오로 피해를 발생시킨 박 대리는 최 이사 라인이었다. 최 이사는 나더러 문제를 수습하라고 했다. 똥 싼 놈 따로 있고 치우는 놈 따로 있는 꼴이었다.

사람과 사람이 만나 일을 하는데 감정이 완전히 배제

될 수는 없는 법이다. 상황 보고를 받은 A사 대표는 이미 감정이 상한 상태였고, 우리 회사 없어도 굶어 죽지 않는다며 거래 정리까지 생각하고 있었다. 엄밀히 따지면 거래 정리 시 A사의 피해가 더 컸지만, 우리 회사도 많이 아쉬운 게 사실이었다.

A사 대표는 무일푼 맨주먹으로 시작해 지금의 자리에 오른 입지전적인 인물이었고, 업계 영업자들은 A사 대표를 롤 모델로 꼽기를 주저하지 않았다. 강강약약의 표본이랄까. 그는 나이 어린 계약직이나 구내식당 여사님들께는 사람 좋은 아저씨처럼 대했지만, 본인이 수긍할 수 없는 일에서는 이익보다 명분과 원칙이 우선인 사람이었다.

분명 실수는 박 대리가 한 게 맞는데, 박 대리가 손을 놓고 우물쭈물하는 통에 일이 더 커진 상황이었다. 이것도 저것도 아닌 채 시간만 허비하다 골든타임을 놓친 꼴이랄까? A사 대표 성격이라면 어차피 이렇게 된 거 차라리 같이 죽자고 하고도 남을 사람이었다. 무협지에서나 볼 법한 '동귀어진同歸於盡'은 도저히 어찌할 수 없는 끝판왕을 만났을 때 상대와 함께 죽음으로써 끝장을 내는 최후의 수단이다. 쉽게 말해 '너 죽고 나 죽자'다. 흥행 영화의 명대사로도 한참 회자된 "내가 돈이 없지 가오가 없냐?"의 느낌이랄까? 모르는 이가 볼 땐 무모하고 미친 짓이지만, 그를 아는 이들은 A사 대표를 지금까지 지탱해 준 배짱, 베팅할 수 있는 용기로 봤다.

이 바닥에서 A사 대표의 별명은 '성정미'였다. 얼핏 여성의 이름처럼 들리지만, 성정미의 뜻은 '성공한 정상인 중 가장 미친놈'이었다. 그의 배포는 누구도 흉내 낼 수 없었기 때문이다. 사내에서 매일 폭언을 퍼부어대며 포식자 행세를 하는 최 이사도 A사 대표 앞에서만큼은 순한 양이 되었다. 뒤에서는 A사 대표 욕을 그렇게 해대다가도 A사 대표와 통화할 때면 언제 그랬냐는 듯 나긋하고 상냥하게 굴어댔다. 누구보다도 A사 대표의 성격을 잘 알기에 최 이사는 박 대리가 싸질러놓은 똥을 치우는 역할을 내게 떠넘긴 것이다. 책임지고 해결해야 할 일 앞에서 최 이사가 꼬리를 말고 도망치는 게 처음이 아닌지라 새삼스럽지도 않았다.

"윤태형 대리님? 원래 저희 회사 담당하셨던 분인가

요? 대리님은 처음 뵙는데….”

“A사 담당은 박민호 대리입니다. 사안의 무게가 있는지라 박 대리 대신 제가 찾아뵙게 되었습니다.”

A사 대표는 별말 없이 내 명함만 만지작거렸다. 침묵이 이어졌다. 차라리 화를 내거나 불평불만을 늘어놓는 게 상대하기 쉬웠다. 하지만 A사 대표는 무언가 골똘히 생각하는 듯 한동안 입을 열지 않았다.

“박민호 말고, 최은서 씨 있죠? 최은서 씨는 직급이 어떻게 되죠?”

내가 아는, 적어도 우리 부서에 있는 최은서는 인턴 최은서밖에 없다. A사 대표는 박민호 대리를 박민호라 부르면서도 은서는 최은서 씨라 부르고 있었다.

“최은서 씨는 현재 인턴으로 근무하고 있습니다.”

“네? 인턴이라고요?”

A사 대표의 눈이 둥그레졌다. 그러더니 갑자기 호탕하게 웃었다. 나는 따라 웃을 수도 없고, 그렇다고 초조한 표정을 내보일 수도 없기에 그의 밑도 끝도 없는 웃음이 그치기만을 기다렸다.

“박민호 말고, 최은서 인턴이 담당하는 걸로 하시죠.”

“네?”

성정미, 성공한 정상인 중 가장 미친놈이라더니 생각도 못 한 요구였기에 놀랄 틈도 없었다. 너무 현실성 없는 제안이었기에 더 그랬다. 거래 규모와 매출을 생각했을 때 박민호 대리가 상대하기도 버거운 거래처가 A사였다. 그런데 얼굴도 한 번 안 본 인턴을 담당자로 바꿔 달라니.

“그 쫄보 새끼 말고, 최은서 인턴이 우리 회사 담당하게 해달라고요. 그렇게 하는 걸로 이번 일 마무리하시죠.”

아무리 감정이 상했다곤 하지만 회사를 대표하는 입장으로 방문한 내 앞에서 박민호 대리를 ‘쫄보 새끼’라고 말하는 건 좀 아니지 않나 싶었다. 하지만 한편으론 속이 시원한 느낌도 들었다.

“왜 최은서 인턴을 담당자로 원하시는지 여쭤도 되겠습니까?”

“멍청한 쫄보와 야무지고 똑 부러지는 사람이 있다면 누구랑 일하시겠어요?”

“그야 당연히 야무지고 똑 부러지는 사람이죠.”

“네. 그게 이유입니다.”

그렇다고 회사에 복귀해서 “멍청한 쫄보랑은 일 못 하겠다는데요? 차라리 인턴이 낫답니다.”라고 보고할 수는 없는 노릇이었다. A사 대표는 내가 무슨 생각을 하는지 알아챈 듯 웃으며 말했다.

“양사에 손해를 끼친 업무상 실수가 발생했는데, 귀책 사유가 있는 담당자와 계속 일하는 건 피차 불편하지 않겠어요? 새로운 담당자 선정으로 분위기를 일신하고 서로 잘 해보자는 의미의 요구라고 적당히 얘기해 주세요.”

대답을 하기도 전에 A사 대표가 웃으며 말을 이었다.

“사고는 사고대로 쳐 놓고 사과 한마디 없는 겁쟁이 새끼랑은 일 못 하겠다고 하더라, 이렇게 말하셔도 좋고요.”

결코 그렇게 보고할 수 없다는 걸 A사 대표도 모르지는 않을 것이다. 의례적인 말 몇 마디가 오간 후 일어서려 하자 A사 대표가 웃으면서 손짓했다.

“요령 없는 사람이라는 은서 씨 말이 딱 맞네요. 잠깐 앉아 있어 봐요.”

“네? 무슨 말씀이신지?”

"바로 회사 들어가려고요?"

"일 끝났으니 복귀해야죠."

"이렇게 금세 복귀하면 얘기가 쉽게 풀렸다고 생각할 거 아니에요?"

"대표님께서 배려해 주신 덕분에 쉽게 풀린 건 사실입니다만…."

A사 대표는 혀를 끌끌 찼다.

"커피라도 한 잔 하고 가요."

그는 내 의사는 묻지도 않고 정수기를 향해 가더니 커피 믹스 두 개를 꺼냈다. 커피 믹스를 뜯어 가루를 붓고 뜨거운 물을 받는 일련의 동작이 너무 빠르고 자연스러워서, 커피 자판기에 숨어있는 커피 요정이라도 보는 것 같았다. A사 대표는 유리컵에 담긴 스푼을 두고 빈 커피 믹스 봉지로 커피를 저었다. 대표라는 자리에 있는 사람이지만, 그에게서는 여전히 현장의 냄새가 났다.

"마셔요."

커피를 건네는 그의 손은 무척 투박했다. 받아 든 종이컵은 무척 뜨거웠는데, A사 대표는 아무렇지도 않은 듯 단

세 번 만에 커피를 다 마셔버렸다.

"이렇게 빨리 들어가 봤자 윤 대리님이 일 잘해서 빨리 해결하고 복귀했다고 칭찬할 것 같아요? 금방 돌아온 거 보니 별것도 아닌 일이었네, 윤 대리님이 아니라 박민호를 보내도 될 뻔했네, 그럴 거 아닙니까?"

누가 그렇게 생각할 것인지 주어는 빠져 있었지만, 누구를 말하는지는 뻔해 보였다.

"어차피 회사 복귀해도 최 이사는 외근 나가서 자리에 없을 걸요? 혹시나 불편한 보고를 받게 되면 어쩌나 싶어서 일부러 자리를 비웠을 거예요."

내가 알기로 오후에 최 이사의 외근 일정은 없었다. 그러나 A사 대표의 예상을 부정할 수는 없었다. A사 대표는 왜인지 기분이 좋아 보였고, 사양하는 날 억지로 잡아끌다시피 그의 단골이라는 식당에 데려갔다. 그곳에서 한 시간 넘게 그가 살아온 얘기를 들었다. 그는 가난하고 못 배운 자신이 여기까지 올 수 있었던 건 운이 좋아서라고 했다. 학벌과 인맥과 잡아야 할 줄을 알아보고 라인을 잘 타는 것이야말로 흙수저 출신들의 유일한 성공 공식이자 동아줄이라고 외치는 최 이사와는 정반대였다.

느지막한 오후에 복귀했을 때, A사 대표의 말대로 최 이사는 자리에 없었다. 급한 미팅 때문에 나갔다는데 누구를 어디에서 왜 만나는지는 아무도 몰랐다. 잘 해결됐다는 문자에 최 이사는 바로 "알았어."라고만 답했다. A사 대표가 담당자를 은서로 바꿔달라 요청했다는 말에는 한참 대꾸가 없더니 "내일 얘기해."라는 답이 돌아왔다. 그러고 보니 박민호 대리도 외근이라며 자릴 비운 상태였다. 기시감이 느껴질 만큼 자주 접했던 풍경이라 하나도 놀랍지 않았다. 박민호는 내일 술 냄새를 풍기며 출근할 것이고, 최 이사는 현지 출근이라며 오후 서너 시에 기어 나올 게 뻔했다. 이런 상황에 무뎌졌는지 화도 나지 않았다.

그 후 얼마 지나지 않아 해고되었고, 회사를 떠나게 되었다. 송별회 같은 건 없었다. 회사를 나가는 놈에게 왜 회사 돈으로 술을 사 먹여야 하냐며 최 이사가 구시렁거렸다는 걸 전해 들었다. 그렇게 술이 마시고 싶으면 법카 말고 개인카드로 실컷 퍼마시라고 했다는 말도 함께였다. 놀고

먹을 시간에 일이나 하라며 갑자기 때 이른 반기 결산 보고서 초안을 잡아서 삼 일 안에 보고하라는 말도 안 되는 지시를 남은 이들에게 내리기까지 했다.

반차를 낼 테니까 조용히 술 한 잔 하자는 후배도 있었지만, 최 이사에게 책잡힐 구실을 만들지 말라고 말렸다. 미안한 눈치를 보이는 몇몇 동료들에겐 무리해서 야근하지 말라고 전했다. 사직서는 빠르게 정리되었고, 미운 놈이더라도 지킬 예의는 지켜야 하니 퇴사 전 마지막 인사라도 할까 해서 갔더니만 최 이사는 외근 중이라고 했다. 어차피 기대도 안 했다. 불편하고 껄끄러울 땐 자리를 일단 피하고 보는 게 최 이사의 특징이었다.

일과 시간이 끝나지도 않았는데 회사를 나서려니 영어색했다. 엘리베이터 버튼을 누르고 멍하니 서 있을 때, 은서가 옆에 와서 섰다. 엘리베이터 문이 열리자 은서는 열림 버튼을 누르고 말없이 서 있기만 했다.

"은서 씨도 1층 가요?"

"네."

우리 둘뿐이었고 침묵이 흘렀다. 엘리베이터는 소리

없이 내려갔다. 1층에 도착하자 엘리베이터 문이 열렸고, 은서는 아까처럼 내가 엘리베이터에서 나갈 때까지 열림 버튼을 누르고 있었다. 사원증은 오전 일찍 반납했다. 이제 저 턴게이트를 나서면 이곳과는 안녕이다. 엘리베이터를 타려면 로비에서 방문증을 발급받아야 하는 방문객일 뿐이다.

허탈한 웃음을 지으며 턴게이트를 지났다. 강화유리로 된 작은 문이 스르륵 열렸다 닫힌다. 길을 잃은 사람처럼 잠시 가만히 서 있는데 뒤에서 기척이 느껴졌다. 은서가 뒤에 서 있다. 당장이라도 눈물이 툭 떨어질 것처럼 눈에 눈물이 그렁그렁하다. 은서는 날 향해 허리를 직각으로 꺾어 인사를 했다. 어디에선가 본 것 같다. 아이돌 인사라고, 무대에서 팬들에게 허리를 접듯이 인사하는 것 말이다. 입을 열면 당장이라도 울음이 터질 것 같았는지 은서는 아무 말이 없다.

문득 궁금했던 게 떠올랐다. 마지막이니 나쁠 것 없다고 생각했다.

"그런데 A사 대표님에게 저에 대해 뭐라고 얘기했던 거예요?"

"네?"

“A사 대표님께서 저더러 그러시더라고요. 은서 씨가 제 얘기할 때 요령 없는 사람이라고 했다던데요?”

“아니에요, 나쁜 뜻으로 말한 거 절대 아니에요!”

은서는 화들짝 놀라 양손을 휘저으면서 고개까지 좌우로 흔들었다. 나쁜 뜻으로 말하지 않았다는 건 안다. 어차피 틀린 말도 아니다. 내가 요령 있는 사람이었다면 이렇게 꺾이지 않고 대들다가 해고당하는 일도 없었을 테니까.

“정말 나쁘게 말씀드린 거 아니에요. 강직하고 올곧은 분이라 요령을 모른다고 말씀드렸을 뿐이에요.”

그렇게 말하고서 은서는 내 눈치를 살폈다.

“쫄보 새끼랑 다르게 염치를 아는 분이라고도 말씀드렸고요.”

하루아침에 실직자가 된 마당에 은서 입에서 다시금 쫄보 새끼 얘기를 들으니 나도 모르게 웃음이 나왔다. 염치를 아는 사람이라. 청렴할 염廉, 부끄러울 치恥. 염치란 체면을 차릴 줄 알며 부끄러움을 아는 마음을 뜻한다. 반대로 쫄보 새끼나 최 이사는 염치란 걸 모르는 이들이다. 그걸 안다면 자기 실수를 타인에게 떠넘기거나 멍청한 새처럼 구멍에 대가리만 처박고서는 문제가 보이지 않으니 문제는 없는 거란 얼토당토않은 소리를 하지도 않았을 것이다. 딸뻘되는 은서에게 추잡한 짓거리를 하지도 않았을 테고.

"시간 되실 때 술 살게요! 송별회도 못 했잖아요!"

진심이 묻은 인사였건만, 나는 손을 흔들어 얼른 들어가라고 말했다. 오전에 여자 친구에게 보낸 '회사 그만뒀어.'라는 짧은 메시지에서 1이 사라졌지만 아무런 답장이 없어서였는지, 그놈의 염치와 실직이 등가 교환할 만한 가치가 있는 것일까 혼란스러워서인지, 미운 정 고운 정든 조직을 떠나는 게 시원섭섭해서였는지는 모르겠다. 어쩌면 내 선택이 틀린 게 아니기만을 바라고 또 바랐기 때문에 미련이 없는 척하려고 일부러 그랬는지도 모르겠다.

한동안 이어지던 전 직장 동료나 후배들의 연락도 모두 끊어지고 세상에 나 혼자 남게 되었을 때, 생각지도 못한 은서에게서 연락이 온 게 바로 며칠 전이었다. 운이 찾아오는 과정 중에 반드시 나타나는 또 하나의 신호가 '나에게 영향을 끼칠만한 새로운 사람이 나타난다'는 거라는데, 마침 등장한 게 은서였다.

행운은 요행이 아니라 기회다

"선배! 얼굴 너무 좋아졌어요!"

못했던 송별회를 하자며 몇 번이고 연락해 온 은서에게 바쁘다는 핑계로 거절하고 또 거절했건만, 직장인이 백수에게 제발 시간 좀 내달라고 하는 게 말이 되는 거냐며 윽박지르는 통에 억지로 나선 길이었다. 오랜만에 만난 은서는 반짝이는 눈빛으로 날 바라보며 "역시 퇴사하면 얼굴이 좋아진다는 게 맞는 말인가 봐요!"라는 둥 너스레를 떨며 온몸으로 반가움을 내비쳤다.

"얼굴이 좋아진 건 내가 아니라 은서 씨 같은데요? 퇴사도 안 한 은서 씨가 백수인 나보다 더 좋아 보여요.”

그 말에 은서는 가방 안에서 명함 지갑을 꺼내더니 빳빳한 명함 한 장을 건넸다. 명함에는 익숙했던 전 직장의 이름이 아닌 A사 이름이 큼지막하게 새겨 있었다. 은서는 볼우물이 파이도록 환하게 웃으며 말했다.

“저 이제 정직원이에요!”

이렇게 밝고 생기 있는 은서의 모습은 참 낯설었다.

“은서 씨 보조개 있었네요?”

“뭐예요? 그걸 지금 알았어요?”

은서는 뭐가 그리 재밌는지 혼자 깔깔거리며 웃었다. 내 시절에 있었던 건 독서실과 노래방인데, 스터디카페와 코인 노래방을 다니는 조카가 세상 물정 모르는 삼촌을 보며 깔깔대는 모습 같아 괜히 멋쩍었다.

“A사에 입사했다니 잘됐네요. 그동안 근무 태도도 성실했고 A사 담당 이력이 있으니 여러모로 성공한 이직 같아요.”

진심으로 축하하는 말이었는데, 은서는 힐난하는 눈빛으로 날 보더니 입술을 비죽였다.

“누가 보면 꼭 직장 상사가 한 말씀이라도 하는 줄 알겠어요. 둘 다 퇴사했으니 우리 그냥 같은 업계 사람 아니에요? 그래서 아까 직급 말고 그냥 선배라고 불렀는데.”

듣고 보니 그렇다. 이젠 대리와 인턴 사이가 아니다. 더구나 지금은 같은 업계 사람이라 하기도 민망하다. 은서는 A사의 정직원인데 난 백수니까 은서 입장에서는 그저 지나다가 스치는 아저씨나 다를 게 없다.

“선배라고 불리는 것도 좀 낯간지럽네요. 회사에 있을 때 은서 씨에게 직접적으로 일을 알려준 것도 아니고, 현재는 무직이니 같은 업계 사람이라고 말할 수도 없잖아요?”

“선배는 어쩜 변한 게 없네요. 꽉 막힌 것도 그렇고.”

웃으며 말하는 걸 보니 나쁜 의도는 아닌 것 같은데, 내용을 보면 또 칭찬 같지는 않아서 뭐라 대꾸하기가 어렵다. 그러거나 말거나 은서는 뭐가 그리 신났는지 웃음이 끊이질 않는다. 새로 옮긴 회사가 썩 마음에 드나 보다.

“안에서 기다리지 왜 밖에 있었어요?”

식당으로 들어서며 은서는 가볍게 핀잔하듯 물었다.

하지만 그럴 수 없다. 어머니가 돌아가신 후 나는 세상을 일찍 접했다. 세상에 이유 없는 호의는 없으며, 세상 어딜 뒤져봐도 공짜는 없었다. 비바람이 몰아치고 날이 뜨거운 건 아무렇지도 않았다. 난 그저 아무도 간섭하지 않는, 아무 상관도 없는 길 위가 좋았다. 길 위에 서 있는 건 돈이 들지 않기 때문이었다. 그 누구도 내게 왜 길 위에 서 있느냐 묻지 않았다.

카페에 들어간다는 건 돈을 내고 커피를 산다는 것 외에도 공간을 사는 걸 뜻했다. 나는 아무에게도 폐를 끼치고 싶지 않았고, 그 누구에게도 신세를 지고 싶지 않았다. 지금껏 내게 세상은 호락호락하지 않았으며, 그 누구도 이유 없는 친절을 베풀지 않는다는 걸 뼈저리게 느껴왔기 때문이었다. 더구나 내게는 어머니의 치료를 위해 썼던 돈이, 정확히 말하면 빚이 남아있었다. 외부 거래처 미팅 외에 단 한 번도 밖에서 커피를 사 마신 적이 없었다. 그나마 헤어진 여자 친구 덕분에 카페를 가게 되었고, 여자 친구 덕분에 생산적이지 않은, 그러니까 여유라는 걸 누리게 됐다.

여유를 누릴 자격조차 없다고 생각한 내가 여자 친구

덕분에 그나마 숨 돌릴 틈을 얻었기에 적어도 그녀에게만 큼은 헌신하겠다고 생각했다. 물론 거기까지였다. 내가 바라보던 곳과 그녀가 바라보던 곳은 달랐다. 인생에서 속도보다 중요한 건 방향이다. 바라보는 방향이 같다면 차츰 속도도 붙을 수 있다. 하지만 방향이 다르다면 남는 건 괴리와 고독뿐이다.

"참, 선배 만나러 간다니까 안부 궁금해하시더라고요."

"누가요?"

"대표님요. A사 대표님."

"전 잘 못 지내고 있으니까, 혹시 내일 출근해서 제 안부를 물으시면 은서 씨가 적당히 말해줘요."

"그러잖아도 대표님도 그 말씀을 하셨어요. 아마 틀림없이 선배는 잘 못 지내고 있을 거라고 하시던데요?"

전혀 생각지 못한 대꾸에 은서가 말아준 소맥을 한 모금 마시다 모조리 뿜어 버리고 말았다. 사레 걸린 내게 은서는 물티슈를 건네주며 담담히 말을 이어갔다.

"대표님께서 뭐라 말씀하셨냐면요, 제가 만약 윤 대리님 밑에 계속 있었으면 승진도 못 하고 연봉도 안 올랐을 거라고 하셨어요.”

성공한 정상인 중 가장 미친놈, 누가 성정미 아니랄까 봐 이렇게 숨 쉬듯 자연스레 악담을 하나 싶었다. 그러나 딱히 부인할 말을 찾기 힘들었다. 흔히 하는 말로 팩트로 두들겨 맞은 셈이었기 때문이다. 난 최 이사 라인이 아닌 정도가 아니라 미운털이 박힌 사람이었으니, 나와 친하다는 이유 하나로 인사고과에서 불이익을 받을 게 충분히 예상 가능한 시나리오였다. 최 이사는 그러고도 남을 사람이었다.

사람이 사람을 잘 되게 하는 건 어려워도, 안 되도록 고춧가루를 뿌리는 건 쉽다. 적어도 그 방면에서 최 이사의 능력은 탁월했다. 누구를 키워줄 능력도 없으면서 툭하면 자기가 키워주겠다고, 자신에게 잘 보이면 회사 생활이 편해질 거라고 입버릇처럼 말하곤 했다.

확실히 최 이사는 사람을 키워주지는 못했지만 자라지 못하도록 싹을 밟아버리는 데는 능했다. 내 위치가 그대로여도 내 옆 사람이 고꾸라진다면 상대적으로 내가 큰 거나 마찬가지니 최 이사도 나름 거짓말을 한 건 아닐지 모른다. 어쨌든 본인이 누군가를 키워줄 수 있다고 스스로 강력히

믿고 있는 것만큼은 분명해 보였으니까.

"기분 상하셨어요?"

은서는 고개를 숙여 나와 눈 맞춤을 하며 물었다. 그런데 위로의 살핌보다는 오랜 술친구가 "야, 우냐?"라며 고개 숙여 내 눈치를 보며 놀리는 느낌이다. 인턴 시절엔 나와 눈도 잘 못 마주쳤었는데 이토록 편하게 대하는 걸 보니 자리가 사람을 만든다는 게 맞나 보다.

"때때로 불행한 일이 좋은 사람에게 생길 수 있대요."

그렇게 말한 은서는 술잔의 술을 단숨에 들이켰다. 소주가 쓴 듯 은서는 미간을 살짝 찡그렸다.

"그거 드라마에 나온 말 아냐?"

"맞아요. 선배도 그 드라마 보셨어요?"

"그건 드라마잖아."

나도 술잔의 술을 털어 넣었다. 그저 냉수처럼 차갑게 느껴질 뿐이었다. 나도 모르는 사이 은서에게 말을 놓고 있었다.

"드라마는 기본적으로 판타지잖아. 사는 게 퍽퍽하니 판타지 같은 드라마가 재밌는 거지."

“그렇긴 해도요, 선배.”

은서는 얼른 내 잔을 채우곤 앞 접시에 잘 익은 고기를 한 점 올려주었다.

“선배는 좋은 사람이잖아요.”

“나한테 불행한 일이 일어난 건 맞는데, 좋은 사람인지는 잘 모르겠네.”

“아니에요. 선배는 좋은 사람이에요.”

“좋은 사람이면 뭐해? 나쁜 놈들이 훨씬 더 잘 먹고 잘 사는데.”

“그냥 선배는 운이 없었던 거예요.”

“운이니 뭐니 그런 거 다 요행이나 바라는 사람들이 하는 말 아냐? 맞지 않는 복권과 다를 게 뭐가 있는데?”

“아니에요. 제가 아직 어려서 잘 모르지만, 행운은 요행이 아니라 기회인 것 같아요.”

은서를 만난 건 내 앞에 낯선 남자가 나타나기 며칠 전이었다. 남자를 만난 후 은서를 만났다면 은서가 이야기하는 운에 대해서 조금 더 귀를 기울였을지도 모른다. 하지만 그땐 은서가 말하는 운 같은 게 제대로 귀에 들어오지 않았다. 그저 처량한 신세인 날 위로해 주기 위한 덕담으로 받아들였을 뿐이다.

"행운은 요행이 아니라 기회라…. 그럼 나는 운이 없었던 거고, 그러니까 기회도 없었던 거네?"

아부할 기회, 마음에도 없는 입에 발린 말을 할 기회는 넘쳐났었다. 하지만 그러지 않았다. 그럴 수 없었다.

"선배도 분명히 운이 좋아질 거예요! 저도 처음엔 정말 엉망진창이었는데, 이제는 운이 좋아지고 있다고 느껴요!"

은서 입장에선 스스로 운이 좋다고 충분히 느낄 법했다. 난 해고당했고 여전히 백수 신세지만 은서는 퇴사 후 A사에 입사했다. 어찌 보면 A사 대표가 직접 나서서 스카우트한 셈이니 결코 일반적인 경우라 볼 수 없다. 그래, 운이 좋은 상황이라고 할 수 있다.

더구나 은서가 이직을 하지 않았다면 여전히 그 지옥 같은 곳에서 버텨야만 했을 것이다. 어찌어찌 버텼다 한들 정직원으로 전환된다는 보장도 없었고, 정직원 전환을 미끼로 최 이사가 더러운 수작을 계속 걸었을지도 모른다. 내가 은서 입장이었다면 나 역시 스스로 운이 좋았다고 말했을 것이다.

"처음에 인턴으로 입사했을 때만 해도 너무 좋았어요. 부모님도 정말 기뻐하셨고요. 혹시 평생에 쓸 운을 이 회사 인턴 입사에 다 쓴 게 아닐까 싶기도 했으니까요."

나 역시 입사하고 얼마 동안은 내가 행운아라고 여겼다. 지방대 출신으론 언감생심 꿈도 못 꾸던 회사라 생각했기에 입사 자체만으로도 꿈을 꾸는 것만 같았다. 하지만 연차가 쌓일수록 꿈은 악몽으로 변해갔다. 은서는 나보다 더 빨리 꿈에서 깨어났을 것이다. 아니, 나보다 더한 악몽 속에서 몽유병 환자처럼 현실을 헤맸을지도 모른다.

"선배도 보셨으니 잘 알겠지만 막상 인턴 생활을 해 보니 이건 꿈도 아니고 행운도 아니었더라고요."

불판 위의 고기를 뒤집는 은서의 손이 느려졌다.

"지나고 보니까 확실히 알겠어요. 이전 회사에 입사한 게 행운이 아니라 선배를 만난 게 행운이었어요."

술을 털어 넣으려다 멈칫했다. 잘못 들었나 싶었다.

"지금 이 근방에서 가장 운 나쁜 놈이 바로 나일 것 같은데?”

“무슨 소리예요? 선배는 좋은 사람이에요. 그리고 선배를 만난 게 저에겐 정말 행운이었다고요.”

소주만 들이켜지 말고 안주도 먹으라는 듯 은서는 집게로 고기를 두어 점 집어 내 앞에 놔주었다.

“그냥 선배 보면서 아무리 힘들어도 나 자신을 지켜야겠다는 생각을 했어요. 열 명 중 아홉 명이 틀린 걸 맞다고 우겨도, 난 꼭 세상을 똑바로 봐야겠다고 다짐, 또 다짐했거든요.”

은서는 굽히지 않는 내 모습을 칭찬하고 있었다. 너무나 듣고 싶었지만 아무에게도 듣지 못했던 인정과 칭찬이었다. 스스로 옳다고 생각하고 소신대로 움직였건만 결과는 엉망이었다. 세상은 결과로만 날 평가했다. 하지만 단 한 명만이라도 내가 옳았다고, 잘했다고 말해주기를 기다렸는지도 몰랐다.

“선배는 강한 사람이에요. 선배처럼 선한 사람보다는 자신의 이익만 챙기는 사람이 더 똑똑한 사람 취급을 받고, 타인의 빈틈에 손을 내밀기보다는 약점으로 틀어쥐는 사람이 더 대단한 사람 취급을 받잖아요? 선배처럼 소신을 지키고 선하게 살려고 노력하는 사람들은, 자기와 정반대인 세상과 계속 힘겹게 싸워온 거잖아요. 누군가에게 말하진 못해도 선배의 삶은 늘 투쟁의 연속이었던 거고요.”

한동안 침묵이 이어졌다. 고기에서 탄내가 올라왔다.

“고맙네. 그렇게 말해주니까.”

“고맙단 말은 제가 할 말이에요. 선배한테 꼭 하고 싶었던 말이었어요.”

“해준 것도 없는데 뭐가 고맙다는 거야?”

“어디 가나 늘 그렇잖아요? 저에게 아무것도 해준 게 없는 사람들은 자신이 절 밀어줬다며 생색을 내고 다니고, 정말 저에게 고마웠던 사람들은 아무것도 해준 게 없다면서 한발 뒤로 물러나고 내색하지 않아요.”

“다 차려놓은 밥상에 숟가락을 얹으면서 자기 이름을 가장 앞에 쓰는 녀석들이 있다는 건 나도 인정하는데, 난 정말 은서 씨에게 해준 게 없어. 준 것도 없는데 고맙다고 하니까 민망하다.”

겸연쩍은 마음에 타들어 가던 고기를 뒤집고 또 뒤집

었다.

"선배가 최 이사에게 하는 거 보면서 내가 틀린 게 아니구나, 내가 이상한 게 아니구나, 지금 힘든 게 내가 약해서가 아니라 여기가 이상해서 그런 거구나, 잘못된 건 내가 아니라 최 이사구나. 그렇게 생각하는 것만으로도 제게 얼마나 큰 힘이 됐는지 모르시죠?"

은서의 말이 낯설지만 낯익다. 낯선 건 누군가 내게 한 번도 이런 말을 해주지 않았기 때문이고, 낯익은 건 내게도 이런 고백을 받을 만한 선배가 나타나 주길 바라고 또 바랐기 때문이다. 만 번도 더 생각하고 꿈꿨던 팀워크와 리더십이었지만 결론은 늘 각자도생이었다. 꿈꾸던 조직 생활이란 건 결국 판타지였나 싶어 치밀어 오르던 분노를 억지로 눌러 삼킨 게 한두 번이 아니었다.

"뭐야, 은서 오늘 바지 입고 왔어?"

친하지도 않고 친해지고 싶지도 않은 최 이사는 은서에게 유독 살갑게 굴며 들러붙곤 했다.

"바지 입은 건 좋은데 너무 루즈 핏 아냐?"

똥 덩어리에 파리가 꼬이듯 최 이사 주변에 들러붙은 몇몇은 '어쩜 최 이사님 루즈 핏도 아시고 패션에 관심이 많은가 봐요' 따위의 소리를 늘어놓았다. 까마귀더러 어쩜 그리 깃털이 백옥처럼 하얀지 눈이 부실 지경이라 말하는 꼴이었건만 그들은 뭐가 좋은지 깔깔대곤 했다.

"이사님, 근데 왜 은서 씨만 챙겨요? 저도 밥 한 번 사 주세요."

지나가던 누군가 최 이사에게 농담 반 진담 반으로 던지듯 말했다. 매사 성실하고 책임감 있는 여직원이었다.

"야, 넌 못생겼잖아. 너랑 먹으면 밥맛이 나겠니?"

똥파리들이 일제히 까르르 웃어댔다. 발목에 족쇄를 찬 노예들이 자유 시민을 비웃는 꼴이었다. 노예라는 처지에 익숙해져서 발목에 채워진 족쇄가 세상에서 가장 빛나는 다이아몬드 발찌라도 되는 양 서로의 족쇄를 자랑하는 꼴이었다. 졸지에 밥맛 없는 존재가 된 여직원은 억지웃음을 지으며 서둘러 자리를 떴다. 똥은 무서워서 피하는 게 아니라 더러워서 피하는 거지만, 똥 덩어리가 가득 찬 곳에서는 오히려 깨끗한 사람이 바보가 되기 일쑤였다.

“은서 혹시 헬스하니?”

“아뇨. 따로 운동 안 하는데요.”

“그래? 그럼 타고난 건가?”

“네? 무슨 말씀이신지….”

“아니, 은서 뒤태 보면 말이야, 힙업이 장난 아니거든. 엉덩이가 성이 제대로 나서 위로 바짝 올라붙었어. 그런 걸 뭐라 그러지? 아, 그래. 애플힙.”

최 이사는 두 손바닥을 맞대고 위로 치켜올리는 동작을 두어 번 했다. 은서는 못 들은 척 고개를 돌렸으나 최 이사는 그런 반응에 오히려 신이 난 듯 입을 털어댔다.

“저번에 스커트 입은 거 보니까 은서 다리도 예쁘던데? 내가 만약 그런 매끈한 다리에 쫀쫀한 애플힙을 갖고 있으면 맨날 스커트만 입고 다닐 거야. 세상 남자 다 쳐다보라고. 안 그래? 야, 여자들 미니 스커트 입고 다니는 거, 남들한테 자기 몸매 자랑하려고 입는 거잖아? 그 뭐 연구 결과도 있지 않나? 여자들끼리만 있을 때는 화장도 안 하고 잘 꾸미지도 않는다고. 그게 왜겠어? 쳐다봐 줄 남자가 없으면 화장 따위 할 필요 없다는 걸 아는 거지. 자기만족을 위해서 분칠하고 짧은 치마 입는다는 거, 다 헛소리야.”

최 이사는 은서의 자리로 걸어가며 계속 떠들어댔다.

“우리 은서 뭐 하나 볼까?”

앉아 있는 은서의 뒤에 달라붙듯 선 최 이사는 은서의 모니터를 뚫어지게 바라보았다. 모니터에는 거래처에서 온 이메일이 열려 있었다. 사적인 내용이라곤 전혀 없는 이메일이었지만, 은서는 왠지 바로 뒤에서 누가 일기장을 훔쳐보는 느낌이 들었다.

“아니, 왜? 뭐 봐서는 안 될 내용이라도 있어? 가만 놔둬 봐. 제대로 일하고 있나 보는 건데 왜? 문제 있어?”

마우스로 창을 닫으려던 은서를 최 이사가 저지했다. 은서가 움츠러드는 게 멀리서도 확연히 느껴질 정도였다.

“저기, 확인 다 끝나셨을까요?”

이메일을 뭐 그리 오래 읽나 싶어 고개를 돌려 최 이사를 쳐다본 은서는 소스라치게 놀라고 말았다. 최 이사의 시선은 모니터가 아닌 엉뚱한 곳에 고정돼 있었기 때문이었다. 최 이사는 은서의 브이넥 니트 너머 가슴골을 뚫어지게 내려다보고 있었다. 앉아 있는 은서를 바로 뒤에 서서 내려다보며, 은서의 옷 너머를 꿰뚫어 보기라도 할 듯 집요함마저 느껴졌다. 은서가 고개를 돌려 자신을 쳐다보는 걸 빤히 알 텐데도 최 이사는 시선을 거두지 않았다. 은서는 수치심에 오른손을 들어 가슴을 가렸다. 최 이사는 아쉽다는 듯 입맛을 다시더니 코를 벌름거렸다.

"자기 향수 뭐 써? 냄새 너무 좋은데?"

은서는 거의 울 듯한 표정이었다. 징그러운 벌레 한 마리가 목덜미에 달라붙었는데 영 떨어질 생각을 안 하는 꼴이었다. 사무실은 고요했고, 다른 이들의 시선은 각자의 모니터에 고정돼 있었다. 누군가 다른 이에게 사내 메신저로 현 상황을 중계라도 하는 듯 키보드 소리만 타닥거리며 침묵을 깼다. 이쪽 어딘가에서 타다다닥 소리가 나면 저쪽 구석 어딘가에서 다시 메아리처럼 타타타타타타탁, 하는 소리가 들려왔다.

"뭐야?"

최 이사는 내가 내민 결재판을 한 번 보곤 똥 씹은 표정으로 날 쳐다봤다. 마치 비밀 데이트 현장에 갑자기 끼어든 불청객을 보는 눈빛이었다.

"결재 부탁드립니다."

정중한 요청에도 최 이사는 콧방귀를 꼈다. 결재판을 든 두 손을 거두지 않자 최 이사는 어이없다는 듯 다시 한 번 콧방귀를 끼며 마지못해 결재판을 열었다.

"누가 보면 우리 회사 일 너 혼자 다 하는 줄 알겠다?"

"죄송합니다. 시급한 건이라 그렇습니다."

"이게 왜 급한데? 이거 우리가 아니라 저쪽이 급한 거 아냐?"

이미 진행되고 있어야 할 일이었다. 최 이사 본인이 결재를 두 번이나 반려해서 늦어진 걸 모르지 않을 텐데 최 이사는 시치미를 뗐다.

"야, 윤태형. 너 월급 어디에서 받냐? 왜 상대방 회사 사정을 그렇게 신경 쓰는데? 너 그쪽에서 뭐 뽀찌라도 받았냐? 그렇게 그쪽 사정 다 봐줘 가면서 일할 거면 거기에서 월급 받던가!"

말도 안 되는 억지였다. 말도 안 되는 억지라는 걸 최 이사가 모를 리 없었다.

"너 내 별명 알지? 내 별명 말해봐."

사인을 해줄 것처럼 펜을 잡았으면서도 최 이사는 엉뚱한 얘길 꺼냈다.

"내 별명이 뭐냐고? 너 알잖아? 내 별명 말해 보라고."

최 이사의 별명은 반려동물이었다. 결재를 올려봤자 툭하면 반려하고, 이유도 없이 반려해대는 짐승 새끼라는 울분을 담은 별명이었다. 직원들이 자리를 비웠을 때 최 이사가 직원 사내 메신저 창을 가끔 훔쳐보는 걸 아는 이들이 뒷담화할 때 안 들키려고 암호처럼 쓰는 별명이었다.

결재 반려는 최 이사의 입맛에 안 맞는 이들을 괴롭히는 치졸한 수단이기도 했고, 은서에게는 자신의 방에 붙잡아 두기 위한 수단이기도 했다. 말도 안 되는 트집으로 반려해놓고선 울상이 된 은서가 최 이사의 방에 들어가면 시답잖은 말을 늘어놓으며 은서를 이십 분이고 삼십 분이고 붙들어 두곤 했다.

최 이사는 은서를 쩔쩔매게 만들어 놓고선 그런 은서의 표정을 보는 걸 즐겼다. 최 이사가 은서를 불러들이면 몇몇 직원들은 '반려동물이 또 마운팅 시작했네'라고 메신저를 날리곤 했다. 하지만 최 이사 면전에 대고 "네 별명은 반려동물이야!"라고 말할 순 없었다.

"이거 뻔히 알면서 모르는 척 하는 것 봐? 야, 이거 도로 가져가!"

최 이사는 들었던 펜을 품에 넣더니 결재판을 휙 내던졌다. 그러고는 기분 나쁘다는 듯 자기 자리로 돌아갔다. 반사적으로 움직인 탓에 결재판은 떨어지기 전에 받았지만, 안에 들어있던 결재 서류는 꽃잎처럼 펄럭이다 바닥에 떨어졌다. 서류를 집으려 허리를 숙이는데 하얀 손 하나가 불쑥 튀어나와 서류를 먼저 집어 들었다. 은서는 내게 서류를 건네며 소리 없이 입으로만 '감사해요'라고 말했다.

내일 모레면 지천명이라, 하늘의 명을 깨달을 나이가 코앞인데도 최 이사는 깨달음이나 염치와는 거리가 멀어 보였다. 최 이사는 은서가 어지간히 마음에 든 모양이었다. 엄밀히 말하면 최 이사는 미혼이니 연애 감정을 품는 게 죄는 아니었다. 하지만 띠동갑을 한 번 넘고도 나이가 넉넉히 남아 겹 띠동갑에 가까운 나이 차이임에도 불구하고 최 이사는 지치지 않고 은서에게 치근덕거렸다.

은서가 스커트를 입고 온 날에는 이미 예약된 회식 장소를 취소하고 일부러 좌식 테이블이 깔린 곳으로 변경하는 수고를 마다하지 않았다. 그러고는 굳이 은서를 옆에 앉히곤 술을 따르게 했다. 그때마다 난 은서에게 재킷을 건넸다. 하지만 술을 따르기 위해 은서가 몸을 일으키면 재킷은 힘없이 아래로 흘러내리곤 했다. 술을 받는 최 이사의 시선은 잔 너머 은서의 허벅지를 노골적으로 훑고 있었다. 은서가 화장실을 핑계로 일어설 때도, 최 이사는 은서의 뒷모습을 눈에 넣기라도 할 심산인지 시선을 떼지 않았다.

"야, 뭐야. 너 자리 있잖아?"

내가 최 이사 옆에 앉자마자 최 이사는 재수 없다는 듯 나를 흘겨봤다.

"제가 이사님 한 잔 따라드리려고요."

"뭐냐? 너 나랑 안 친하잖아? 됐으니까 네 자리로 가."

"에이, 왜 그러세요? 마침 여기 제 재킷도 있으니 제 자리나 마찬가지죠, 뭐."

"아, 됐다고. 술맛 떨어지게 왜 그래?"

최 이사가 도끼눈을 뜨고 힐난하는 사이 은서는 저 구

석 최 이사의 시선이 닿지 않는 곳에 조용히 자리를 잡았다. 최 이사는 정말로 술맛이 떨어졌는지 그날 일찍 자리를 파하곤 먼저 나가버렸다.

마음이 맞는 몇몇 직원들은 자기들끼리 2차를 하러 갔고, 일부는 모처럼 회식이 일찍 끝나자 신난 표정으로 서둘러 지하철역으로 향했다. 뒤에 놓인 재킷을 걸치려는데 재킷 아래에 가려져 있던 가방이 눈에 들어왔다. 은서의 가방인 듯했다. 식당을 둘러보니 은서는 보이지 않았다. 진절머리 날 정도로 쫓아다니던 최 이사의 시선이 싫어서 얼른 일어난 듯했다. 별생각 없이 가방을 들고 나서서 터덜터덜 걷고 있는데, 식당 뒤 골목 안쪽에서 실랑이하는 소리가 들려왔다. 귀에 익은 음성, 최 이사와 은서였다.

"우리 둘이 딱 한 잔만 더하자, 응?"

"아니요, 전 괜찮아요."

"내가 안 괜찮으니까 그렇지. 왜? 많이 취했어? 그럼 어디에서 잠깐 쉬었다 갈까?"

최 이사는 은서의 손목을 잡고 놔주질 않았다. 취기가 올라서인지 은서를 힘으로 질질 끌고 가려 했고, 은서는 끌려가지 않으려고 안간힘을 썼다. 남녀의 신체적인 차이가 크다지만, 은서가 이를 악물고 버티니 최 이사도 쉽게 어찌하지 못하는 눈치였다. 최 이사는 신경질이 났는지 목소리를 높였다.

"야, 너 정직원 되기 싫어? 오냐오냐 하니까 아주 지가 뭐라도 되는 줄 착각하나 본데, 너 뭐 믿고 그렇게 비싸게 구는데?"

울상이 된 은서의 얼굴이 작은 알전구 불빛을 받아 반짝였다. 나도 모르게 달려가 최 이사의 손목을 낚아챘다. 단전 깊은 곳에서부터 올라온 욕을 꽉 깨물고 버텼다. 그러지 않으면 입이 열리는 순간 쌍욕이 튀어나갈 것만 같았다. 나는 이미 눈빛으로 최 이사의 턱에 주먹을 꽂고 있었다. 최 이사도 그런 기세를 느꼈는지 저도 모르게 슬금슬금 뒷걸음질을 쳤다.

"많이 취하신 것 같습니다. 댁에 들어가셔야죠."

최 이사는 뭐라 뭐라 중얼거리더니 안주머니에서 스마트폰을 꺼내 대리기사를 불렀다. 그러면서도 뒤를 흘끔거리며 나와 은서를 번갈아 바라봤다. 같은 공간에 있다는 것조차 너무 싫었기에, 난 은서를 재촉해 자리를 떴다. 마음을 진정할 시간이 필요해 보였기에 은서와 한참을 걸었다.

"택시 부를까요?"

은서는 대답 대신 고개를 끄덕였다.

"택시비 있어요?"

끄덕끄덕.

"집에 잘 갈 수 있죠?"

끄덕끄덕.

얼마 후 택시가 왔고, 은서가 뒷자리에 잘 타는 걸 확인한 후 기사님께 잘 부탁드린다고 말했다. 그러고는 은서에게 가방을 건넸다. 은서는 생각도 못 했다는 듯 놀란 눈으로 날 올려다보았다. 그러고는 입을 열어 말했다.

"감사해요."

난 대꾸 없이 고개를 한 번 가볍게 끄덕였다. 그날 은서는 처음으로 웃었다. 그리고 그 다음 날부터 지옥이 시작됐다. 반려동물의 모든 분노는 내게 집중됐다. 결재는 다섯 번까지 반려됐다. 보다 못한 후배가 후배 이름으로 기안을 작성하여 올리면 최 이사는 나 들으라는 듯, "이 거지 같은 기안에 지금 나더러 사인해 달라는 거야?"라며 악을 쓰듯 소리를 지르곤 했다.

몇 번의 프로젝트가 성사 직전에 엎어졌다. 회사는 손해를 봤다. 나도 모르는 새 엎어진 프로젝트의 책임자가 되어 있었다. 결재가 반려되며 진행이 늦어진 일들은 내게 업무 미숙, 실행력 부족, 책임감 결여, 업무 프로세스 파악 부족, 조직 내 협업 미숙, 지시 불이행 등으로 돌아왔다. 사람이 사람을 잘 되게 하기는 어려워도 발목을 잡는 건 너무나 쉬운 일이란 걸 새삼 깨달았다. 최 이사는 그 분야의 전문가라는 걸 잊고 있었다. 회사에 기여했던 모든 것들은 깃털보다 가벼운 과거가 되어 날아갔고, 난 월급이나 축내는 부적응자가 되어버렸다. 그렇게 난 해고됐다.

터널이 어두운 건 언제 끝날지 모르기 때문이다. 아픔이 깊은 건 지금 느끼는 고통이 나 혼자만 느끼는 것이라 여겨지기 때문이다. 수많은 관계와 관계의 중첩 속에서 눈을 가린 채 외줄타기를 하고 있다고 느끼는 건 아무도 내 마음을 몰라준다고 생각하기 때문이다. 고독은 사람을 지치게 한다. 무언가 대단한 것도 필요치 않다. 그저 지금 느끼는 고통을 다른 누군가도 동일하게 느끼고 있다는 것 하나만으로도 상대는 전우가 되고 둘도 없는 위로를 건네는 친구가 된다. 특히 사회생활에서 맞닥뜨리는 강력한 빌런은 선한 싸움을 해나가는 고독한 이들을 하나로 뭉치게 만드는 구심점이 되어준다.

나는 은서에게 베푼 게 없다고 생각했지만, 은서는 나를 전우로 생각했나 보다. 빌어먹을 전쟁터에서 혼자 싸우는 게 아니라 적어도 엄호 사격을 해줄 내 편이 한 명이라도 있다는 것에 안심했을 것이다. 그래도 다행이다. 내가 부끄럽게 패퇴한 게 아니라 비록 지더라도 부끄럽지 않은 싸움을 했다는 걸 알아주는 이가 한 명이라도 곁에 있어 주니 말이다.

"A사 대표님 말도 같은 뜻이에요. 선배가 틀림없이 잘못 지내고 있을 거고, 선배 밑에 계속 있었으면 승진도 못 하고 연봉 인상도 물 건너갔을 거라는 거, 대표님 입장에선 굉장한 칭찬이에요."

"그게 어떻게 칭찬이야? 처음 만난 사람 면전에 대고 '특이하게 못생겼는데 매력은 있네요. 이거 칭찬인 거 알죠?'라고 말하는 거랑 뭐가 달라?"

딴에는 억울해서 한 말이었는데 은서는 농담으로 받아들였는지 킥킥대며 웃었다.

"언제 대표님이 선배더러 못생겼다고 했어요?"

"정확히 말하면 매력은 있는데 특이하게 못생겼다고 말한 셈이지."

"어? 선배 못생긴 얼굴 아닌데?"

"아니, 그 말이 아니잖아. 대표님 말은 '좋은 놈이지만 융통성이 전혀 없다', '일은 잘하는데 사회생활은 못 한다.' 뭐 그런 얘기 아냐?"

"음, 얘기가 그렇게 되나요?"

"그래. 일만 잘하면 뭐 하니. 사회생활을 잘해야지."

"물론 그렇지만…. 음, 대표님은 선배를 무척 좋게 보셨어요."

"퍽이나 좋게 보셔서 해고당한 이후로 틀림없이 잘 못 지낼 뿐만 아니라 후배 승진이랑 연봉 인상도 막는 사람이라고 했겠다. 그거 후배 앞길 막는 선배라는 소리잖아?"

"아니에요. 그 뜻 아니에요. 진짜 선배 좋게 보셨어요."

“근데 그렇게 말한다고?”

“이 말씀도 하셨어요. 선배는 속이 투명한 사람이라 좋대요.”

“수가 뻔히 보인다는 소리 아냐?”

“뭐예요! 좋게 봤다니까 왜 자꾸 딴소리야!”

은서는 힐난하듯 손바닥으로 내 팔뚝을 살짝 때렸다.

“좀 과격하긴 한데, 대표님 말씀 그대로 옮겨 볼게요. 발목이나 겨우 잠길까 말까 할 정도의 깊이밖에 없는 녀석들이 제 딴에는 천하의 묘수라고 생각해서 일을 벌이는데, 옆에서 가만히 보고 있노라면 눈알 굴러가는 소리가 막 들린대요. 정말 하찮고 얕은데 자기가 세상에서 가장 똑똑하고 잘났다고 생각한다는 거죠. 그래서 보고 있으면 어이도 없고 같잖대요. 어디로 갈지, 다음 수는 어떻게 둘지 선배 역시 뻔히 보이는 건 마찬가지인데, 선배는 반대로 뻔히 보이기 때문에 믿을 만하대요. 세상 모두가 남들보다 빨리 가려고 신호를 위반하고 아무도 모를 거라 생각하고 범법을 서슴지 않는데, 선배는 어떤 일이 있어도 정도를 걸을 사람이라 앞으로 걷게 될 길이 뻔히 보인대요.”

“그래. 내가 어떤 길을 걸을지 뻔히 보이는데, 그 길이 고속도로가 아니라 포장도 안 된 현황도로인 게 문제란 소리잖아.”

“맞아요. 선배가 마냥 꽃길만 걸을 거라고 하진 않으셨으니까요.”

“칭찬은 맞지만 결국 가시밭길을 걷는단 소리잖아. 듣기는 좋은데 힘이 생기는 얘기는 아니네.”

“그게 선배의 매력이래요.”

“응? 뭐가?”

“고민하는 거요. 지금 선배는 선배의 앞길을 걱정하는 게 아니라 후배의 앞길을 먼저 걱정하는 거잖아요? 나 때문에 내 후배가 승진 누락되면 어떡하나, 나 때문에 후배 연봉이 동결되면 어떡하나 고민한 거잖아요? 선배보다 타인을 먼저 걱정하는 거 아니에요?”

“그게 당연한 거 아냐? 선배라면 후배 챙기는 게 당연하지. 내 몸이야 내가 책임져야 하지만 후배들은 선배가 안 끌어주면 누가 끌어주겠어?”

“그렇다면 전 직장에서 선배를 끌어준 선배 있어요?

최 이사가 선배 끌어준 거 아니잖아요?”

갑자기 말문이 막혔다. 누군가 나를 비바람에서 지켜주고 끌어줬다는 생각은 들지 않았다. 딱히 떠오르는 얼굴이 없었다.

“선배는 그런 배려를 받지 못했으면서도 본인이 아니라 후배들을 생각하잖아요. 지금 상황을 남 탓하는 게 아니라 혼자 괴로워하고 고민하고, 아무 상관도 없는 저 같은 인턴도 챙겨줬잖아요. 안 그래요?”

은서의 말이 맞다. 누군가 내게 너 혼자만 이 싸움을 하고 있는 게 아니라고 말해줬다면, 조금은 더 홀가분했을지도 모른다. 조용한 투쟁의 연속이었기에 내 후배는 나처럼 고독한 싸움을 하지 않기를 바랐다. 나처럼 스스로를 갉아먹는 싸움을 하지 않기를 바라는 마음에 최 이사 앞에서 고개를 숙이지 않았던 것이다. 고개만 숙이고 내 목에 개 목걸이를 채우면 얼마나 편해졌을지 모르지 않는다. 하지만 그러면 결국 길들여지지 않은 야생을 지닌 젊은 후배들은 내가 맞던 채찍을 대신 맞으며 권력에 굴복할 때까지 길들여졌을 것이다.

“그래서 선배를 만난 게 저한테는 행운이라는 말이에요. 회사가 전쟁터라면, 적어도 같이 싸워줄 전우가 있었기에 그나마 버틸 수 있었어요. 그리고 예전 회사와는 전혀 다른 새로운 환경으로 의도치 않게 옮겨가면서 행운이 더 커진 걸 느껴요.”

평소 말도 몇 마디 섞어보지 않았던 은서가 나라는 존재에 대해 이렇게 말해주니 적잖이 놀랄 수밖에 없었다. 은서는 내가 자신에게 힘이 되었다 말하지만, 오히려 내가 은서에게 힘을 받는 느낌이었다. 흔한 위로가 아니라 차디차게 식어 있던 심장을 조금이나마 데울 수 있는 뜨거운 피를 수혈받은 느낌이었다. 서로에 대한 새로운 발견이었다.

/

운이 좋아진다고 해서
기분이 좋아지는 건 아니다

여섯 번째 틈

"무슨 생각을 그리 골똘히 하는 건가요?"

남자의 말에 퍼뜩 정신이 들었다. 남자와의 대화를 곱씹어볼수록 며칠 전 은서와의 만남이나 은서와 나눈 대화가 새롭게 느껴질 수밖에 없었다.

"운이 찾아오는 과정 중에 반드시 나타나는 신호가 '나에게 영향을 끼칠만한 새로운 사람이 등장하는 것'이라고 하셨잖아요?"

"그렇죠. 비웠으니 비로소 채울 수 있는 셈이죠. 혹시 최근에 새롭고 뜻밖인 사람이 등장했나요?"

　나는 고개를 끄덕이며 이전 직장에서 벌어졌던 일들, 며칠 전 은서와 만나 나눈 대화 등을 풀어놓았다.

　"흔히 운세를 볼 때 클리셰처럼 등장하는 게 '남쪽으로 가면 귀인을 만날 수 있다.' 같은 말이잖아요? 사실 남쪽이든 북쪽이든 방향보다 더 중요한 건 새로운 인물을 만난다는 거죠. 끼리끼리 논다는 말도 있잖아요? 환경이 바뀌지 않으면 새로운 사람을 만나는 것 자체가 불가능해요."

　"일진은 일진끼리, 모범생은 모범생끼리 어울리는 것처럼요?"

　"그렇죠. 일진과 모범생은 관심사도 다르고, 보고 듣는 것도 다르니 대화가 통할 수 없죠. 아무리 일진 옆에 전교 1등을 앉히고, 좋으나 싫으나 24시간 붙어 다니게 해봤자 전교 1등이 일진의 귀인이 될 수 없는 거예요. 일진 노릇을 했던 환경 자체가 완전히 바뀌지 않는 이상 아무 소용이 없는 거죠. 대운이 찾아올 때의 현상 중 환경이 변하는 게 첫 번째, 영향을 끼칠 새로운 사람이 등장하는 게 두 번째인 이유를 이해할 수 있겠죠?"

　사람은 고쳐 쓰는 게 아니란 말이 괜히 있는 게 아니다.

말을 물가에 끌고 갈 수는 있어도 물을 먹는 건 결국 말의 선택이다. 환경이 변하지 않는다면 일진에게 전교 1등이 아니라 대한민국 최고의 일타 강사를 개인 교사로 붙여도 아무 소용이 없다.

심리 상담에서 개인 상담뿐만 아니라 가족 상담을 추천하는 이유도 마찬가지다. 아무리 개인이 마음을 치유하고 위로받는다 한들, 지옥 같은 가정으로 복귀하면 상담실에서 조금이나마 맛봤던 평온은 다시 원점으로 돌아갈 수밖에 없다. 집구석이 지옥인데 나 혼자 밖에서 천사가 된다 한들, 돌아갈 곳이 천국이 아니라 지옥이면 천사의 날개는 꺾여버릴 수밖에 없다.

대운이 들어올 때의 첫 번째 조건, 환경이 바뀌는 것이야말로 내 운이 트이는 첫 번째 관문이다. 당연히 환경이 바뀌면 얼마간은 외롭고 힘들 수밖에 없다. 운이 들어오면 갑자기 '짠!' 하면서 하루아침에 벼락부자가 되고 스타가 되는 게 아니다. 부나 명예보다 고독이 먼저 찾아온다. 내가 바꿀 수 있는 건 타인이 아니라 나 자신뿐이다. 타인이 지옥이라면, 지옥에서 어떻게든 벗어나는 게 급선무다. 집과 부모 곁을 떠나, 회사를 떠나, 불운이 깃든 현재 상황을 리셋하고 완전히 다른 환경으로 이동하는 게 행운이 찾아오는 1단계라는 건 아무리 강조해도 지나치지 않는 불변의 법칙이다.

　사람은 누구나 익숙해진 환경에 안주하는 경향이 있다. 설령 그게 지옥일지라도 시간이 흐르다 보면 그 악다구니마저 익숙해진다. 그래서 행운이 찾아올 때는 타의로 환경이 바뀌는 경우가 많다. 자의로는 익숙해진 터전을 떠나는 게 거의 불가능하기 때문이다. 가본 적 없고 예상하기 힘든 천국보다는 이미 익숙해져 버린 지옥을 벗어나는 게 더 두려울 수밖에 없다. 그래서 지옥 밖에는 더한 지옥이 있을 거라고 자위하며 주저앉는 것이다.

　행운은 투자와도 연관된다고 한다. 정확히 말하면 성공한 투자자의 대부분은 단순히 운이 좋아서 투자에 성공한 것이다. 예컨대 신혼집을 전세로 얻으면 신혼부부는 별다른 간섭도 없고 전세 보증금을 올리지도 않는 주인을 좋은 집주인이라 생각한다. 운 좋게 신축 아파트 32평을 주변 시세보다 낮은 전세 보증금으로 계약했는데 집주인이 보증금을 올려달라는 말이 없어 2년씩 자동 갱신될 경우, 신혼 부부는 '좋은 집주인을 만났다'며 기뻐할 것이다. 신축 아파트이니 초등학교도 가깝고, 신도시 인프라를 고스란히 누릴 수 있다. 선선한 저녁에 아파트 주변을 산책하기도 좋고, 그러다 집 앞 상가에서 시원한 생맥주를 마시며 일상의 행복을 만끽할지도 모른다. 마침 신혼부부가 들어간 맥줏집은 폴딩도어가 설치된 곳이라 신혼부부는 활짝 열린 테라스에서 저녁 바람에 실려 오는 라일락 향기에 취해 서로를 사랑스럽게 바라볼 것이다.

반면 정반대인 경우도 있다. 전세 보증금이 저렴하지 않은 24평 구축 아파트를 겨우 얻은 부부가 있다. 자녀는 올해 인근 초등학교에 입학했다. 가급적이면 이 집에서 쭉 살고 싶은데, 계약 만료 6개월 전 즈음 집주인이 갑자기 방을 빼라고 한다. 자기 아들이 들어와서 살 거니 계약 만료일에 반드시 집을 빼라고 못을 박는다. 애꿎은 아이는 입학하자마자 전학을 가게 생겼으니 초등학교 인근 전세 매물을 찾아보지만, 지금 사는 집보다 수천만 원씩은 더 비싼 집밖에 없다. 웃긴 건 더 비싼 집인데도 매물 컨디션은 지금 사는 집보다 나쁘다는 것이다.

아이는 매물을 보러 다니는 엄마 아빠를 따라다니다가 한마디 한다. "엄마, 우리 그냥 이 집에서 살면 안 돼? 나 이사 가기 싫은데." 칭얼거리는 아이를 바라보며 엄마 아빠의 마음은 찢어진다. 문 밖을 나서면 아파트 천지인데 왜 서울에 내 집 하나 없을까 싶어 대상 없는 원망이 쏟아진다. 지금 이 집도 대출을 당겨서 겨우 들어왔는데, 새로 이사 갈 집 전세 보증금을 어떻게 충당해야 하나 고심이다.

처가에서 돈을 좀 융통할 수 없느냐는 남편의 말에 아내는 지금 보증금에도 이미 친정 돈이 들어가 있는데 이번엔 시댁에 아쉬운 소리 좀 하면 안 되냐고 응수한다. 우리 집에 돈이 어딨느냐는 남편의 말에, 그럼 친정은 돈을 어디에 쌓아놓기라도 한 줄 아느냐고, 지금 전세 보증금에 묶여 있는 돈도 친정엄마가 적금 만기일에 돈을 찾아서 바로 우리에게 보내준 거 벌써 잊었냐고 따진다. 그러다 남편과 아내는 길거리에서 서로 빈정이 상해 싸우고 만다. 아이는 이사 가지 말자는 자기 말 때문에 엄마 아빠가 싸우는 줄 알고 미안하고 무서워서 엉엉 울음을 터트린다.

여기까지만 보면 세입자에게 관심도 없고 전세 보증금도 안 올린 채 계약을 자동 갱신시키는 '착한 집주인'을 만난 신혼부부가 더 행운아인 것만 같다. 둘은 손을 꼭 잡은 채 정비가 잘 된 아파트 주변 산책로를 걸으며 행복을 만끽하고 있다. 반면 한쪽은 영락없이 살던 집에서 쫓겨날 판이다. 더구나 돈을 더 들여서 이사 가는 집은 지금 사는 집보다 상태가 더 나쁜 구옥이다. 내 집이 아니니 고쳐 쓰기도 그렇고, 또 언제 나가야 할지 모르니 뭘 손대는 것도 어렵다.

일반적으로 볼 때 신혼부부는 인생이 술술 풀리는 것 같고, 후자는 지독히도 운이 없는 것만 같다. 하지만 실제로 그럴까? 운이 찾아올 때의 첫 번째 조건은 '환경이 바뀌는 것'이라고 했다. 쫓겨나듯 이사를 가야만 했던 집도 타의로 환경이 바뀐 것이니 운이 찾아오는 첫 번째 관문에 발을 들인 것이다. 익숙했던 곳에서 타의로 떠나야만 하니 당연히 당장은 생경하고 힘들 수밖에 없다. 기껏 친해졌던 단지 내 아이 친구 엄마들하고도 떨어지게 되었으니 새로 이사 간 곳에서는 당분간 외롭고 낯설 수밖에 없다.

거의 대부분의 사람은 이 상황을 결코 운이 좋아지는

과정이라 생각하지 못한 채 세상을 탓하고 적은 월급을 탓하며 보증금이 모자랄 때 턱턱 돈을 보태주지 못하는 부모님을 원망하기도 한다. 만약 자신에게 운이 들어온다는 걸 인식하지 못한 채 세상만 탓하다 보면 운이 찾아오는 두 번째 신호, '나에게 영향을 끼치는 새로운 사람'이 다가오는 것 역시 알아챌 수가 없다.

전셋집에서 쫓겨나듯 이사를 가야 하는 부부에게 운이 들어오는 상황이고, 누가 봐도 행복이 가득한 예쁜 신혼부부가 운이 없는 거라면, 누가 봐도 운이 좋은 신혼부부가 어째서 운이 없는 경우인지 하나하나 짚어보도록 하자. 첫 번째, 인간은 누구나 돈을 사랑한다. "나는 돈에 별로 관심이 없어."라고 말하는 사람을 주의하자. 그 사람은 오히려 돈에 미친 사람이기 때문이다. 돈을 싫어하는 사람은 세상에 단 한 명도 없다. 그런데 집주인이 전세 보증금을 올려달라는 말을 하지 않는다? 그렇다면 보증금을 올려달라고 말할 상황이 아니기 때문이다.

이런 경우는 부동산 시장의 상승이 꺾인 시점에 입주가 시작된 신축 아파트일 경우가 많다. 사기만 하면 오르는 부동산 활황기에는 집을 제대로 보지도 않고 빚을 내서 사도 자고 나면 아파트값이 올라가 있었다. 하지만 부동산 하락장에 접어들면 정부에서 '빚내서 집을 사라'고 떠들어도 아무도 집을 사지 않는 상황이 된다. 상승장 끝물에 청약이 당첨되면 아파트값은 계속 오를 것 같으니 잔금 치를 여력이 있건 말건 청약 당첨 하나로도 팔자가 피고 인생이 바뀔 것만 같다. 계약금 10% 정도야 우습기만 하다. 그런데 하락이 시작되고 프리미엄 이야기도 쏙 들어가는 시점이 온다. 청약 후 완공되기까지 2~3년이 흐르는 사이 세상이 바뀐 것이다. 청약에 당첨될 때만 해도 세상이 다 내 것 같았는데, 거래량이 폭락하고 집값이 떨어지기 시작한다.

이제 아파트 잔금을 치러야 하는데 돈이 없다. 상승장 때는 집값에 비례하여 전세 보증금도 계속 올랐으니 잔금 치를 걱정이 없었다. 전세 세입자가 줄을 섰기 때문이다. 하지만 상황이 바뀌고 나니 실거주 목적으로 입주하는 소수의 세대 외 나머지 수백 세대가 동시에 전세 매물을 내놓는 현상이 벌어진다. 입주를 앞둔 아파트 단지 부동산에는 전세 매물이 차고 넘친다. 잔금 일자가 다가오니 급해진 마음에 전세 보증금을 누군가 깎아서 내놓는다.

왜 계약 소식이 없느냐고 공인중개사에 문의를 해보니 '더 싼 전세 매물'이 있어서 그것부터 나간단다. 어쩔 수 없이 조금 더 내려도 좋으니 얼른 계약자부터 잡아 달라고 부탁한다. 그러다 신혼부부가 나타난다. 신혼부부가 볼 때 아무도 거주한 적 없는 새 입주 아파트인데 전세 보증금도 싼 편이고 주변 모든 것이 다 새것이니 마치 신혼부부를 위해 준비된 축복인 것만 같다.

집주인은 겨우 잔금을 치렀으나 집값은 떨어지는 데다 그간 잔금 치를 걱정에 스트레스 받은 걸 생각하면 다시는 아파트 투자 같은 건 쳐다보기도 싫다. 부동산은 주식투자와 달리 상승장이든 하락장이든 한 번 거대한 파도를 타면 6~7년은 장기적으로 이어지는 특성이 있다. 오를 땐 상승장이 영원히 이어질 것 같지만 그런 단꿈 역시 언젠가 깨지기 마련이고, 하락장 또한 지루하고 길게 이어진다. 집주인 입장에선 집값이 오르지도 않고 지지부진한 데다 입주 당시 겪었던 세입자 구하기 스트레스를 또 겪기 싫어 초반 계약 2년이 끝난 후 전세 계약이 자동 갱신되도록 내버려둘 수밖에 없다.

한 집에서 4년을 내리 살았으니 이사 걱정도 없고, 새집에서 쭉 살고 있으니 주변의 부러움도 산다. 결혼 전에는 전세 계약 갱신 시점에 집주인이 방을 빼라고 해서 갈등이 생긴다는 무서운 말도 들었는데, 두 번째 연장도 끝나고 5년 차에 접어드니 아이 초등학교 입학도 슬슬 생각하게 된다.

그러다 올 것이 오고야 만다. 집주인이 집을 팔겠다고 나선 것이다. 급하게 전세를 알아보니 전세가 너무 오른 상태다. 하락장이 계속되면서 아무도 집을 사지 않고 다 전세로만 살려고 하니 집값은 떨어진 채 그대로인데 전세만 계속 오른 것이다. 더구나 신혼부부는 집주인이 하루라도 빨리 입주 잔금을 치르려고 전세 보증금을 낮춘 상태에서 입주했기에 오를 대로 오른 전세 시세와 현재 묶여있는 보증금 액수 차이가 크다. 둘은 '좋은 집주인'을 만난 덕에 전세를 살면서 이사 걱정도 안 했고 새집에서 신혼을 시작했다. 대신 '주거'에 대한 고민을 할 필요가 없었고, 전세 보증금이 이렇게 많이 오를 거라곤 생각도 못 했기에 돈을 많이 모아두지도 못했다.

새집에서 매일 행복해하며 주거비용에서 아낀 돈으로 남들보다 더 좋은 차를 사거나 품위유지에 더 많은 비용을 쓴 게 사실이다. 그러니 전세를 빼서 돌려받는 보증금으론 아주 오래되고 작은 구축 아파트나 빌라에 겨우 들어갈 수준이다. 하지만 4~5년 동안 신축 단지의 잘 정비된 환경과 인프라에 익숙해져 살다가 더 좁고 오래된 집으로 이사를 가려니 영 내키지 않는다. 그렇다고 수준을 유지하여 이사하려니 돈이 턱없이 모자라다. 대출도 알아보고 백방으로 뛰어다니지만 뾰족한 수가 없다.

큰 차를 타던 사람은 작은 차를 타기 어렵고, 씀씀이가 큰 사람은 씀씀이를 줄이기가 어렵다. 꽃길만 걸을 줄 알았던 신혼부부는 갑작스레 닥친 집 문제 때문에 다툼이 잦아지고 서로의 탓을 하기 바쁘다. 남편은 아내더러 "그동안 돈 갖다준 거 모으지도 않고 뭐 했느냐?"고 따지고, 아내는 "같이 쓸 땐 좋다고 쓰더니 왜 내 탓만 하느냐!"며 따진다.

돈이 행복을 가져다주지는 않지만, 최소한 불행은 피할 수 있도록 막아주는 게 사실이다. 부부는 같이 산 지 5년 이상 되었으니 이제 질릴 때도 돼서 그렇다고 생각하고, 남편은 집보다 야근이나 동료들과의 술자리가 더 편하게 느껴진다. 어느새 부부는 소원해지고 가정이 아닌 집 밖으로 눈이 돌아가기 시작한다. '좋은 집주인'인 줄 알았지만, 돈 욕심이 없어서가 아니라 상황이 그럴 수밖에 없었기 때문에 보증금을 동결하거나 크게 올리지 않고 계약 자동연장이 됐던 거였다. 운이 좋았다 생각했지만 결국 미래에 대한 대비가 부족했고 예상치 못한 시기에 환경이 바뀌게 되자 오히려 행복이 말라버리고 불운이 찾아온 경우다.

반대로 집주인 때문에 일찍 집을 빼게 된 경우는 어떨까? 집주인이 세입자에게 강하게 나온다는 건 부동산 상승장이기 때문인 경우가 많다. 세입자는 얼마든지 구할 수 있으며, 집주인이 들어와 살 거라는 이유로 세입자를 내보내야만 더 비싼 전세 보증금을 받고 새 계약을 맺을 수 있기 때문이다. 기존 세입자와 계약 갱신을 해봤자 올릴 수 있는 돈은 푼돈일 뿐이고, 현재 세입자를 내보내고 '리셋'하면 새로운 세입자에게는 비싼 보증금을 받을 수 있기 때문이다. 그렇다고 해서 "들어와 산다고 하더니 왜 안 들어오는

데요?"라며 집주인에게 소송을 거는 것도 현실적으로 힘든 일이다.

여기까지만 보면 운이 나빠서 나쁜 집주인을 만난 것처럼 느낄 것이다. 하지만 우리가 흔히 '나쁜 집주인'이라 칭하는 사람을 만나면 세입자는 무슨 생각부터 하는 줄 아는가? '에잇, 더러워서 집부터 사고야 만다!'이다. 쉽게 말해 '집 없는 서러움'을 톡톡히 느꼈으니 어떻게 해서든 집부터 사는 게 가장 중요한 인생 목표가 되는 것이다.

그렇게 해서 조금 아쉽더라도 아파트를 산 경우, 과연 상황은 어떻게 변할까? 집주인이 세입자에게 강하게 나오는 건 부동산 상승장이기 때문이라 했다. 집주인이 아쉬울 게 없는 상황이니 전세를 빼라 마라 당당하게 말할 수 있다. 만약 하락장이었고 전세가가 아래로 아래로 처박히는 상황이라면 세입자가 이사를 갈 거라고 보증금을 내달라고 요청하면 "아니, 내가 돈이 있어야 돌려주지, 다음 세입자가 들어와야 돈을 줘도 줄 거 아냐?"라며 그냥 살거나 다음 세입자가 나타날 때까지 기다려 달라고 아쉬운 소리를 할 수밖에 없다.

결국 '나쁜 집주인' 때문에 살던 집에서 쫓기듯 나와 '더러워서 집부터 산다'고 결심하고 실행까지 한다면, 의도치 않게 상승장에서 부동산 투자에 뛰어든 셈이 된다. 그렇게 살다가 집값이 오른다 하니 몇 번 갈아타기를 하면 할수록 매매 차익이 차곡차곡 쌓여간다. 집을 팔고 이사할 때마다 매매 차익이 수천만 원에서 억 단위로 생기니 이제는 집을 사놓고서도 본인이 들어갈 생각을 않고 전세를 내준다. 멀쩡한 내 집을 두고 더 작고 초라한 집에 세 들어 살면서도 부부는 싱글벙글이다. 그럴 수밖에 없다. 몇 번의 갈아타기만으로도 돈이 붙는다는 걸 경험했기 때문이다. 돈이 돈을 벌어온다는 말을 부부는 비로소 실감한다. 이 모든 게 '나쁜 집주인'을 만나서 이사를 가는 상황에서 시작된 일이다.

지금껏 얘기했던 '좋은 집주인'과 '나쁜 집주인'은 당장의 감정으로만 따진 결과다. 인생이라는 긴 과정과 자산을 습득하는 과정을 기준으로 보면 지금껏 우리가 '나쁜 집주인'이라 생각했던 집주인이야말로 오히려 좋은 집주인이라는 걸 실감하게 될 것이다. 이때 명심해야할 건 '운이 좋아진다'는 건 '기분이 좋아진다'와는 전혀 다른 영역이라는 것이다. 대운이 들고 행운이 찾아온다고 해서 내 감정이 좋은 쪽으로 변하지는 않는다. 오히려 생활과 환경이 바뀌었으니 불편하고 기분 나쁜 일이 더 많을 것이다. 하지만 명심하자. 운은 감정이 아니다.

좋은 집주인과 나쁜 집주인의 예에서 살펴봤듯 긴 안목으로 볼 때 운은 감정과 전혀 상관없이 '내 환경이 변하고', '나에게 영향을 끼치는 새로운 사람을 만나는 것'에서 시작된다. 그리고 운을 유지하는 세 번째 조건에 부합해야만 내게 들어온 운이라는 기회를 살려 부와 행복을 유지할 수 있다. 물론 운과 투자의 관계는 내 상황이 운이 좋아지는 과정이었다는 걸 절감한 후에야 비로소 느낄 수 있었던 것들이다. 이것이야말로 갑자기 내 앞에 나타나 운에 대해 알게 해준 남자가 부를 쌓은 방식이었다.

"운에 대해 추상적으로 접근했었는데, 일진 얘기를 하시니까 좀 알 것 같네요."

남자는 내 말에 옅은 웃음을 보였다. 내가 남자의 말을 조금씩 받아들이는 모습이 기쁜 듯했다.

"만약 일진 노릇을 하던 아이가 크게 사고를 치고 강제 전학을 가게 된다면 어떨까요?"

"환경이 완전히 바뀌는 셈이니 일진 녀석에게도 행운이 시작되겠네요?"

"운이 시작되는 건 맞는데, 그 운을 붙잡느냐 마느냐는 결국 본인의 몫이죠. 사람들은 행운을 소 뒷걸음질 치다가 쥐를 잡는 것처럼 요행이나 벼락처럼 쏟아지는 축복 정도로 여기는데, 행운은 요행이 아니라 기회의 다른 이름이에요. 사실 세상 모든 사람은 운이 좋을 수밖에 없어요. 정확히 말하면 사람들은 운과 복을 받기 위해 태어난 존재들이에요. 선한 사람이건 악당이건 가릴 것 없이 모두에게 동일하게 행운이 쏟아지거든요. 하지만 열 명 중 아홉 명은 운을 요행으로 여기고 기회를 스스로 던져버리죠."

"운이 내게 찾아왔을 때 운이라고 써 붙이고 오는 건 아니잖습니까?"

"물론 그렇죠. 하지만 내 눈에만 안 보이는 게 아니라 모두에게 안 보이는 건 같아요. 반대로 세상 모두가 볼 수 있지만 제대로 보는 사람은 몇 명 안 된다는 말이기도 할 거예요.”

“지금 내 눈앞에 운이 찾아왔다는 걸 안다면 그걸 붙잡지 않을 사람이 누가 있을까요?”

“일진 얘기로 돌아와 볼까요? 학교폭력위원회가 열리고 일진은 강제 전학을 당했어요. 충분하진 않지만 죄에 대한 벌을 받은 거죠. 더 중요한 건 나를 전혀 모르는 낯선 환경에서 스스로 달라질 행운을 잡았다는 거예요. 만약 새로 전학을 간 학교에서 좋은 선생님이나 친구를 만난다면 어떻게 될까요? 행운의 두 번째 단계인 내게 영향력을 끼칠 새로운 사람과의 만남이잖아요? 이때 행운의 세 번째 단계가 등장하죠. 바로 감사하고 헌신하는 겁니다.”

“학폭위까지 열리게 만든 일진이 감사하고 헌신한다는 건 상상이 안 되는데요?”

“감사와 헌신을 너무 거창하게 생각해서 그래요.”

“감사는커녕 원망이나 불평을 늘어놓지나 않으면 다행 아닐까요? 유명 연예인이 과거에 일진이었다는 사실이 폭로되는 걸 보면, 피해자들은 수년 전의 일도 바로 어제 일처럼 생생하게 기억하는 반면 일진이었던 연예인은 그런

적 없다, 기억이 없다며 발뺌하잖아요?"

"그런 사람을 보면 어떤가요? 그 사람들 딴에는 열심히 노력해서 배우도 되고 가수도 됐는데, 어찌 보면 성공의 정점이 바로 코앞일 정도로 운이 쏟아져 들어오는 시점에 과거가 드러나며 나락으로 떨어지잖아요? 그들은 속으로 이렇게 생각할지도 모르죠. '젠장, 돈방석이 눈앞이었는데 하필 이 시점에 터지다니, 어쩌면 운이 없어도 이렇게 없을 수 있을까?'라고요."

"본인이 한 짓은 생각도 못 하고 운이 나빴다고 생각한다고요?"

"어찌 됐든 대중의 관심과 인기를 얻었다는 건 수많은 연습생이나 지망생 중에서 재능과 노력 등 모든 면에서 돋보여야만 가능하잖아요? 만약 일진 생활이나 나쁜 버릇을 버리지 못했다면 연습생 생활에 충실할 수는 없었겠죠. 운이 좋으면 악당도 성공한다고 했잖아요? 과거에는 일진이었지만 연습생으로 환경이 싹 바뀌고 나니 연예인으로 인기와 돈을 얻을 꿈을 꾸며 다른 연습생보다 부단히 더 노력했겠죠. 수많은 연습생과 지망생 중에서 운이 좋아 기회를 더 빨리 잡은 것까지는 사실이니까요.”

“일진이 학폭위가 열린 후 강제 전학을 당해서 운의 첫 번째 단계를 거치듯, 일진이 연예기획사에 소속되며 과거 생활을 청산했으니 결국 발탁이 되었겠죠? 청산인지 세탁인지는 본인만 알겠지만 말이죠.”

“맞아요. 과거를 끊고 리셋하는 것, 운의 첫 번째 단계죠. 그리고 새로운 환경에서 보컬 트레이너든 안무팀이든 같은 소속사에서 먼저 데뷔한 선배들이든 자기에게 영향력을 끼칠 만한 새로운 사람들을 만났으니 운의 두 번째 단계까지 온 셈이에요. 더구나 끼도 있고 노력까지 덧붙여져 좋은 노래 한 곡이나 드라마 한 편으로 대중의 관심을 받아 하루아침에 스타가 되는 것도 충분히 가능하죠. 팬덤이 생기고 인기가 붙기 시작하면 스스로 정말 운이 좋다고 생각하겠죠?”

“그렇죠. 세상에 어느 하나 쉬운 게 없다지만 전쟁터와 같은 연예계에서 데뷔하고 인기를 얻기 시작했다면 바늘구멍 같은 좁은 틈을 빠져나온 것과 다름없으니까요.”

“과거가 어쨌든 간에 연기든 노래든 실력이 받쳐주니까 운이 찾아왔을 때 잡을 수 있었던 거죠. 하지만 운을 유지하고 기회가 떠나지 않게 붙잡는 건 실력만으로 되는 게 아니에요. 실력과 함께 감사와 헌신이 필요해요."

"하지만 아무리 생각해도 감사하거나 헌신한다는 건 무리예요. 아니, 일진이나 좀 놀았던 이들은 차치하고 저 같은 평범한 사람을 봐도 그래요. 되는 일은 하나도 없고 당장 눈앞에 플랜 B가 안 보이는 암담한 상황이면 감사는커녕 세상에 불이라도 확 질러버리고 싶을 만큼 화도 나고 억울할 텐데 그 상황에 어떻게 감사를 합니까? 게다가 헌신요? 당장 오늘 하루 한 끼를 걱정해야 할 판에 어떻게 헌신까지 할 수 있을까요? 사람이 가난하면 집 밖에 못 나가게 되는데, 혹시 그런 기분 아세요? 집 나가면 다 돈이고, 나보다 잘나가는 사람 천지인 것만 같아서 자꾸 움츠러들고, 얻어먹는 것도 한두 번이지 한 번쯤 사야 하는데 돈이 없어서 약속을 피하고 사람 만나는 것도 점점 부담스러워지잖아요. 이런 상황에 뭘 어떻게 헌신할 수 있다는 거죠? 저도 이런데 일진이나 나쁜 짓을 했던 사람은 꿈도 못 꿀 일이죠."

남자는 다 안다는 듯한 표정으로 날 바라봤다. 하지만 그 표정은 거만하게 내려다보는 표정이 아니었다. 어쩌면 나보다 더 지독히 가난하고 외로운 시절을 버텨낸 어른의 눈빛이었다.

"감사나 헌신은 어렵죠. 그래서 일생일대의 기회를 맞은 스타가 한순간에 나락에 떨어지는 것이고요. 하지만 반대로 물어볼게요. 만약 감사와 헌신을 행하지 않을 경우 지금까지 얻은 돈과 인기가 하루아침에 물거품처럼 사라지고 말 것이라는 걸 안다면, 그래도 감사와 헌신을 하지 않을 건가요?"

"미래를 알고, 그 행동을 하지 않으면 나락으로 갈 게 뻔하다면 해야죠. 당연히 할 수밖에 없죠. 감사하거나 헌신하는 게 뭐 큰 돈이 드는 것도 아닌데요."

"그렇죠. 그런데 참 이상하죠? 돈이 드는 것도 아닌 감사와 헌신을 하지 않아서 수많은 사람이 나락으로 떨어지는 걸 해마다 보면서도 사람들은 감사도, 헌신도 하지 않죠."

남자의 말에 말문이 막혀버렸다. 동료 연예인이 음주운전으로 한순간에 방송에서 퇴출되는 걸 바로 옆에서 지켜봤으면서도 술을 마시고 운전대를 잡는 연예인들이 있다. 국가적으로 중요한 시기에 골프를 치거나 조강지처를 두고 다른 여인과 눈이 맞아 옷을 벗는 고위 관료나 정치인이 잊을만하면 튀어나온다. 그들도 분명 환경이 바뀌는 걸 경험했고, 자신에게 힘이 되어줄 새로운 인물을 만났을 것이다. 그렇게 운이 좋아지며 모두가 부러워하는 자리에까지 올라갔을 것이다.

하지만 거의 대부분의 사람은 운이 찾아오는 세 번째 조건인 감사와 헌신에 막혀서 찾아왔던 운을 모두 날려버리고 나락으로 떨어지고 만다. 나락으로 떨어지는 이들을 숱하게 봐왔고 그들을 손가락질하면서도 자신 역시 어느새 나락으로 떨어지는 길을 걷는다. 한결같이 '나는 아니겠지', '나는 달라'라고 생각하거나 이렇게까지 운이 좋아지고 일이 잘 풀릴 것이라곤 생각도 못한 채 얼떨결에 정점에 올랐다가 미처 대비하지 못하고 넘어지고 마는 것이다.

나 역시 해고와 실연으로 환경이 바뀌었고, 내게 영향을 끼칠 수 있는 새로운 인물인 은서를 만났다. 운이 좋아지고 있다면 운을 붙잡을 세 번째 조건을 클리어하면 될 것 아닌가. 그렇다면 망설일 게 무엇이겠는가. 감사와 헌신에 큰 돈이 드는 것도 아닌데 못 할 이유가 있겠는가.

감사와 헌신,
생각보다 별거 아닙니다

“아까 점심으로 잔치국수를 먹었잖아요? 그렇다면 국숫집 사장님께 감사해야 할까요?”

“글쎄요. 공짜로 대접받은 것도 아니고 내 돈을 내고 한 끼를 해결한 건데 감사까지 할 일인가요?”

“반대로 국숫집 사장님은 국수 한 끼 먹고 가는 손님에게 감사해야 할까요?”

“그래도 자기 가게까지 와서 팔아주는 손님인데 최소한 고맙지 않을까요?”

“손님은 돈을 내고 먹는 거니까 주인에게 굳이 감사할

필요가 없지만, 식당 주인 역시 안 팔면 그만인데 고마워해야 하나요?"

"식당을 운영하는 건 돈을 벌려고 하는 거잖습니까? 안 팔아도 그만이라고 손님을 가려 받으면 그런 가게는 금방 망하겠죠."

"그렇다면 이건 어떤가요? 2인 이상 손님만 받고 혼자 온 손님을 안 받는 건 사장 마음이잖아요? 어차피 혼자 온 손님이 아니어도 음식을 팔아줄 사람은 많고, 한 번 오고 말지 단골이 될지는 아무도 모르는데 일일이 고마워할 필요도 없는 거 아니겠어요?"

"에이, 장사하는 사람 마인드가 그러면 안 되죠."

"그럼 어떤 마인드여야 하는 걸까요?"

"관광지나 군부대 앞에서 장사하는 사람들이 한 번 보고 말 손님들을 벗겨 먹을 생각에 비싸기만 하고 형편없는 음식을 내주면서 배짱 장사를 하잖습니까? 당장은 쉽게 돈을 번다 생각하겠지만 군인들을 상대로 이중 가격까지 제시하며 호구 취급하던 식당이나 PC방, 주변 상가들은 군부대 이전으로 상권이 완전히 죽어버린 사례도 있잖아요."

“아주 정확한 지적이에요. 그거야말로 운이 돌아가는 원리죠.”

“네? 이건 운이 돌아가는 원리가 아니라 그냥 당연한 순리 같은 거 아닌가요?”

“왜 당연하다는 거죠?”

“손님을 손님으로 안 보고 호구로 보는 가게면 언젠가는 소문이 날 수밖에 없잖아요? 요즘은 옛날과 다르게 SNS니 유튜브니 매체도 다양해서 소문 퍼지는 건 금방이죠. 휴가 나온 군인에게 말없이 서비스를 주거나 할인해 주는 가게는 ‘돈쭐내자!’며 일부러 가서 소비하기도 하지만, 고객을 상대로 자기 배만 채우려는 식당은 금방 좌표가 찍혀서 별점 테러에, 나쁜 소문이 금방 퍼지잖아요?”

“주인이 손님을 감사의 대상으로 생각하지 않고 내게 돈을 벌어다 주는 존재, 심지어 호구로 봤다는 데 문제가 있죠. 하지만 그 주인이 처음부터 그랬을까요?”

“설마 처음부터 그러진 않았겠죠. 장사를 하다 보니까 다른 사람들도 다 그렇게 남을 등치고 있고, 사람을 사람으로 보는 게 아니라 머릿수 당 얼마로 보는 장사치로 굴어도 잘 먹고 잘사니까 따라한 거겠죠. 처음부터 그랬다면 정말 돈만 아는 쓰레기잖습니까?"

식당을 오픈하는 첫날부터 손님을 호구로 보고 어떻게든 뜯어먹겠다고 달려드는 사장은 세상 어디에도 없다. 반대로 오픈하자마자 문전성시를 이루는 식당도 없다. 세상 모든 일이 그렇듯 자영업에는 부침이 있다. 오픈 초 지인이나 친척들이 왔다 가고, 새로 생긴 가게에 대한 호기심으로 손님이 반짝 몰리지만, 이런 특수는 오래가지 못한다.

무일푼으로 시작해서 상당한 자산가가 된 이들을 소개하는 TV프로그램이 있었다. 지금은 번듯한 건물을 소유한 건물주에 늘 만석인 식당을 운영하며 자녀나 사위가 식당을 물려받기 위해 함께 일하는 '크게 성공한 사장님들'도 처음부터 잘 된 사람은 단 한 명도 없었다. 오히려 쫄딱 망하거나 하루 매출이 5만 원도 안 됐던 경우도 허다했다. 그런 이들이 각고의 노력 끝에 지금의 자리까지 오는 동안 변치 않았던 건 좋은 재료에 대한 고집과 베푸는 자세였다.

방송에 출연한 사장님들 모두 어렵게 시작한 이들이었기에 애초에 좋은 상권에 자리 잡은 경우가 거의 없었다. 하지만 그들이 일가를 이루었을 때 상권은 더 이상 문제가 되지 않았다. 상권과 트렌드는 변한다. 경리단길을 시작으로 무슨 무슨 '단길'이라 불리는 수많은 길이 나타났다 사라진 것을 보면 알 수 있다.

한때 반짝하며 젊은 세대의 발길을 잡아끌고 트렌드의 중심으로 떠오르지만, 결국 남는 건 젠트리피케이션뿐이다. 특정 거리가 인기를 얻게 되면 월세만 오르고 원주민은 쫓겨나며, 애초 그 길을 뜨게 만들었던 성장 동력은 사라지고 비싼 월세를 버틸 수 있는 일부 업장만 버티다가 골목 상권 자체가 죽어버리는 것이다.

반면 서민으로 시작해 갑부가 된 이들을 조명하는 TV 프로그램 속 사장님들은 애초에 상권이 형성되지도 않은 골목에서 버티고 살아남은 케이스라 '골목을 찾아갔다 들르는' 게 아니라 '식당을 가기 위해 그곳에 가는' 상황인 것이다. 상권이랄 것도 없고 유명하지도 않은 골목이다 보니 그들이 할 수 있는 건 좋은 재료를 넉넉한 인심으로 베푸는 것밖에 없었다.

만약 그들이 업장에 방문하는 손님을 두 당 얼마짜리

객단가로만 생각했다면 국산 고춧가루를 쓰던 걸 슬그머니 중국산으로 바꾸고, 한우를 쓰던 걸 육우로 바꾸거나 미국산으로 바꾸면서 원가를 낮추려 했을 것이다. 물이 들어올 때 신나게 노를 저어야 하니 매출을 올리는 것보다는 원가를 줄이는 게 훨씬 쉬웠을 것이다.

성공하는 식당은 저마다의 사연이나 각고의 노력 끝에 개발했다는 비법 소스, 성공에 이르기까지 흘린 땀과 눈물이 있지만, 잘 되다가 고꾸라지는 식당은 약속이나 한 듯 같은 길을 걷는다. 돈이 벌리기 시작하는데 식당은 바쁘니 돈 쓸 시간은 없다. 좋은 곳을 가고 좋은 걸 먹을 시간이 없으니 보상 심리로 비싼 걸 사들인다. 전에는 홀이며 주방이며 열심히 일을 찾아서 하던 남편이 이제는 카운터에만 서 있다. 손에는 누런 순금 반지, 목에는 묵직해 보이는 순금 목걸이를 걸고 다니기 시작한다.

순금 장신구가 많아서 무거워서 그런 건지 행동도 느려지고 직원이나 아르바이트생에게 입으로만 지시하기 시작한다. 장신구에서 더 나아가 실내에서 명품 선글라스를 끼거나 중절모를 쓰고 다니는 분도 있다. 그러다가 카운터에 서 있는 것도 지겨우면 카운터 위에 CCTV를 딱 박아놓고 직원에게 카운터를 맡긴 채 자신은 밖으로 나돌기 시작한다.

요즘은 현금거래보단 거의 카드결제이니 예전처럼 계산 담당 직원의 현금 횡령도 크게 신경이 안 쓰인다. 그래도 얼마 동안은 마감할 때 나타나서 포스기의 주문 내역과 매출을 단말기 마감액과 비교하는 성의라도 보이지만, 그마저도 시간이 지나면 손을 떼게 된다. 어딜 그렇게 바쁘게 다니느냐 물으면 2호점 오픈이나 프랜차이즈 사업 때문이라고 말한다. 장사가 잘된다고 소문난 식당에는 분점을 내고 싶다고 찾아오는 사람이 생기기 마련이므로 식당 사장이 아니라 프랜차이즈 회장이 된 자신을 그리며 김칫국부터 마시는 경우도 많다.

주인이 이래저래 바깥으로 돌다 보면 분명 어딘가에서 과부하가 걸리거나 문제가 생기기 마련이고, 그걸 인식했을 때쯤이면 이미 늦은 경우가 많다. 2호점, 3호점을 냈는데 장사가 생각보다 안 된다거나, 음식에 대한 불만이라도 쏟아져 나오기 시작하면 문제는 걷잡을 수 없이 커진다. 미래를 위한 투자나 사업 확장을 위한 거라며 가랑비에 옷 젖는 줄 모른 채 신나게 돈을 쓰다가 매출이 하락세에 접어들어 현금이 안 돌기 시작하면 결국 가장 먼저 하는 일이 음식값을 올리는 일이다.

음식값을 안 올렸다면 재료를 싼 것으로 바꾸기 시작한다. 생물을 쓰던 걸 냉동으로 바꾸고, 국산을 쓰던 걸 수입산으로 교체한다. 어차피 생물이든 냉동이든 똑같은 삼겹살이니 얼마나 차이가 날까 싶겠지만 손님들은 귀신같이 알아채고 발길을 줄이기 시작한다. 매출이 빠지는 게 보이니 대책이랍시고 온갖 이벤트를 내걸지만 그때뿐이다. 이벤트로 서비스 음식을 내줬다면 이벤트가 끝난 후 찾아온 손님은 그때 줬던 서비스를 오늘은 왜 안 주느냐며 따진다. 짧은 기간 동안 음식값을 내리는 이벤트를 했다면 손님들은 언젠가 또 값을 내리겠거니 해서 그때만을 기다린다. 값을 조정하든 서비스를 내주든 이벤트를 계속하다 보면 접객하며 클레임을 받는 직원들만 지쳐간다.

이벤트를 줄줄이 해도 언 발에 오줌 누기 격이라 매출이 줄어드는 걸 막을 수 없다. 그러니 직원들에게 주는 명절

떡값도 전과 달리 인색해지고, 겨우 이걸 받으며 이 고생을 해야 하나 싶은 직원 하나가 불평불만을 늘어놓으면 직원들 사이에서 불만이 들불처럼 번져나간다. 직원의 불만은 곧 서비스의 질 저하로 이어지고, 어느새 방문 영수증 리뷰에는 '유명한 맛집이라고 해서 갔더니 직원도 불친절하고 음식도 생각보다 맛이 없었음'이라는 별 두 개짜리 리뷰가 달리기 시작한다.

영원하리라 여겼던 맛집이 서서히 침몰해가는 과정은 정도의 차이만 있을 뿐 비교적 대동소이한 전철을 밟는다. 마치 연예인이 음주운전으로 퇴출되는 걸 옆에서 빤히 지켜봤으면서도 술 마시고 운전대를 잡는 연예인과 다를 게 없다. 성공 케이스와 실패 케이스가 지천으로 널려 있는데도 사람들은 하나같이 동일한 전철을 밟는다. 그들도 한때나마 성공했기 때문에 '운이 좋았다'고 볼 수 있다. 하지만 몰락하게 된 원인은 동일하다. '감사를 잃어버렸기' 때문이다.

"잘 되다 기울어가는 식당 사장님들을 보면 대동소이

해요. 처음에 일 매출이 십만 원도 안 될 때는 손님 한 명만 들어와도 그렇게 기쁘고 고마울 수가 없죠. 비 내리는 날 처마에서 떨어지는 빗방울이나 세며 하릴없이 누구 찾아오는 사람 없나 밖만 내다보다가 손님이 오면 너무 반가운 나머지 손님에게 자꾸 말을 걸고 귀찮게 해요. 그러면 남자 손님 열에 아홉은 부담스러워서 다음에 안 올 게 뻔한데도, 가뭄에 콩 나듯 나타난 손님이 너무 반가워서 저도 모르게 오버를 하는 거죠. 오후 내내 홀에 혼자 앉아 있다가 첫 손님이 나타나 저녁 즈음에 겨우 마수걸이를 하게 생겼으니 얼마나 반갑겠어요? 그때 사장 마음은 손님 한 명이 얼마나 고맙고 예쁘겠어요? 그러다 먹고 살 만해지고 분점 문의도 들어오다 보면 어느새 그러죠. '아, 왜 또 1인 손님이야? 상차림비도 안 나오겠네.' 그래도 손님은 손님이니 받아주지만, 시간이 흐르다 보면 어느새 식당 출입문에 '1인 손님 사절'이라고 써 붙이죠. 아니면 혼자 온 손님이 "한 명인데 식사 되나요?"라고 물으면 확인한다고 해놓곤 주방에 들어가서 안 나오거나 일부러 대답을 늦게 해서 애써 찾아온 손님을 무안하게 만들어 발길을 돌리게 만드는 식이죠. 이런 걸 흔히 초심을 잃었다고 말하지만, 결국 감사를 잃어버렸단 얘기에요."

남자의 말을 들어보니 주변에서 한 번쯤 접했던 대박 집의 모습과 다를 게 없었다. 맛도 나쁘지 않고 손님으로 북적이는데, 왠지 모르게 정이 안 가던 곳, 굳이 다음에 또 가야겠다는 생각이 안 들던 곳들과 정확히 겹쳤다.

"그럼 결국 돈을 벌기 시작하면 초심을 잃고 감사하는 마음도 옅어진다는 얘기인가요?"

"비슷하지만 달라요. 감사하는 마음을 잃었다는 건 배가 불렀다는 것과는 엄연한 차이가 있어요. 크게 성공하고도 여전히 감사하는 삶을 사는 존경받는 사업가들, 막대한 자산을 지니고도 초심을 유지하는 위대한 기업가들도 분명히 있기 마련이니까요."

"그럼 똑같이 부자가 돼도 어떤 사람은 여전히 감사하고, 누구는 왜 감사하지 못하는 거죠?"

"바로 여기에 운을 유지하는 가장 근본적인 이유가 담겨 있죠. 하루 매출이 5만 원도 안 되는 식당은 사장님이 게으르고 노력을 전혀 안 하기 때문일까요? 손님이 없는 식당은 모조리 맛이 형편없는 식당일까요?”

“그건 아닌 것 같은데요? 당장 제 단골집 중 몇몇 식당은 맛도 뛰어나고 위생 관리도 철저한데 이상할 정도로 손님이 없었거든요.”

“식당이든 무슨 일이든, 모든 일은 운이 좌우해요. 아무리 좋은 재료를 갖다 쓰고 매일 쓸고 닦고 청결을 유지한다 해도 손님이 전혀 없는 곳도 있고, 어느 순간 우연처럼 갑자기 손님이 들기 시작하며 장사가 잘 되는 경우도 있죠. 세상 모든 일은 결국 운이 칠할 이상이기 때문에 설령 지금 내 식당이 파리만 날린다고 해도 내 탓이 아니라 운이 없을 뿐이고, 내 식당이 대박집이 되고 TV나 유튜브 여기저기에 소개된다고 해도 그건 내 노력 탓이 아니라 운이 좋은 것뿐이에요. 그런데 장사가 좀 잘 되고 돈이 벌린다고 그것을 다 ‘내가 잘난 탓’으로 여기면 어떻게 되겠어요?”

“이제야 무슨 말인지 알 것 같아요. 내가 잘나서 내 사업이 잘되는 거라면 감사할 필요가 없죠. 뭐가 감사하고 고맙겠어요? 다 내가 잘나서 이렇게 잘 되는 건데.”

“맞아요. ‘일이 안 풀리는 것은 내 탓이 아니고 단지

 하지만 한때 운이 좋아서 자신의 운 그릇에 넘치는 돈을 벌어들인 사람은 어느새 자신의 능력으로 성공했다고 착각해요. 이런 사람이 만약 사업이 기울고 파산하게 되면 어떻게 될까요? 단순히 운이 나빠서 망했다고 생각할까요?"

"아무래도 주변 사람을 탓하지 않을까요?"

"그렇죠. 내가 잘나서 장사가 잘 됐는데, 난 변한 게 없다고 생각할 테니 장사가 갑자기 기우는 요인을 자신이 아니라 식당 직원이나 회사의 구성원들, 자기에게 조언했던 사람들이나 가족 등 외부에서 찾겠죠. 당장 사업이 기울어가는데 그 이유를 남에게서만 찾으니 그런 오너 옆에 사람이 남아나겠어요?"

"자기 책임은 하나도 없고 책임만 전가한다면 환멸이 느껴져 떠날 가능성이 크죠."

"맞아요. 너무나도 중요한 얘기에요. 일이 잘 풀릴 때 내 능력이 아니라 단지 운이 좋아서 모든 게 잘되는 것이니 나와 함께하는 사람과 내 상황에 감사할 수 있는 거죠."

　"결국 일이 실패하든 성공하든 내가 어찌할 수 없는 운의 영역임을 인지하면 실패했을 때 남 탓을 안 하고, 성공했을 때는 내 덕이 아니라 운이 좋아서였으니 주변 사람들과 환경에 자연스레 감사할 수 있다는 말씀인 거죠?"

　내 대답이 썩 마음에 들었는지 남자의 얼굴에 웃음이 번졌다.

　"정확히 이해했어요. 지금 엉망으로 꼬인 내 상황이 다 남 탓이라고 생각한다면 그 사람에게는 끓어오르는 분노와 원망뿐이겠죠. 이런 마음이라면 아무리 감사하는 마음을 지니라고 말해도 결코 감사할 수 없어요. 세상에는 원인과 결과가 있으니 내가 지금 이 모양 이 꼴인 것에 대한 원인을 찾아야 하는데, 나라님 탓을 하고 정치인 탓을 하고 빌어먹을 세상 탓을 하다 결국 내 탓을 하며 자책하고 영혼을 갉아먹는 상황에서 어떻게 감사가 나오겠어요? 내가 아무리 마음속으로 길을 계획해도 그대로 이루어지느냐 마느냐는 전적으로 운에 달렸어요. 그걸 알면 오히려 마음이 편해지고 내가 저지른 실수에 너그러워지고, 내가 이룬 성취에도 내 것이 아니라는 겸손이 생기죠. 겸손한 사람일수록 위기가 닥쳤을 때 초연하고 평정심을 유지할 수 있는 건 실패와 성공이 결국 동전의 앞뒷면에 불과한 데다 내 노력으로 안 되는 영역이 있다는 걸 알기 때문이에요. 세상 모두가 존경할 정도로 일가를 이루고 큰 성공을 거둔 사람들에게는 한결같은 특징이 있어요. 큰 성취를 이뤘다고 해서 호들갑을 떨지 않죠. 기쁨이 있을 때도 흥에 취하지 않아요. 마치 봄꽃의 향기를 맡듯 바람에 실려 오는 향기를 느끼고 지나갈 뿐이죠. 이런 이들은 실패에 직면했을 때도 쓰러지거나 크게 좌절하지 않고 슬픔마저도 적당히 갈무리하고 지나가요. 하지만 모든 게 자신이 잘나서 된 거라 생각하는 사람은 어떨까요? 꽃향기가 느껴지면 꽃을 꺾어요. 순전히 내 능력으로 얻은 향기라 생각하는 거죠. 성공과 성취가 내 것이라면 행여 맞닥뜨리는 실패마저도 다 내 것, 내 책임이 되는 거예요. 능력 있고 성공한 자신의 모습에 취한 만큼 실패를 만났을 때는 절망의 구렁텅이에 빠져서 기어 나올 생각을 못 하는 거죠. 오히려 실패라는 구덩이를 스스로 더 깊게 파고 들어가는 꼴이에요. 운을 붙잡기 위해서 꼭 필요한 건 결코 쓰러지지 않는 게 아니라, 쓰러졌을 때도 이 실패

“실패가 내 것이 아니듯, 성공도 내 것이 아니다. 그러니 성공했을 때 성공에 취하지 말고, 실패했을 때 역시 필요 이상으로 좌절하지 말자….”

나는 남자의 말을 곱씹고 또 곱씹었다. 지금껏 겪었던 성취는 온전히 내 노력과 능력으로 이뤘다고 생각했다. 그래서 회사와 조직이 몰라줄 때 실망하고 분노한 게 사실이다. 그러다 실수하고 넘어졌을 때는 내가 겪는 좌절 또한 모두 내 것이고 그것이 나 자신이라고 생각했다. 그러니 세상이 원망스럽고 미울 수밖에 없었다. 지금 당장 원망이 내 안에 가득하니 감사가 들어올 자리가 있을 리 만무했다.

“투자도 결국 운이고, 투자의 지속 가능성 역시 감사와 연관이 있어요.”

“네? 투자로 성공하는 데도 감사가 필요하다고요?”

“투자라고 얘기하면 치밀한 데이터 분석이나 동물적인 감각 같은 걸 떠올리는데, 투자의 성패 역시 운이에요.”

투자의 성패 역시 운이라니 선뜻 받아들이기 어려운 명제였다. 남자는 그런 반응을 보일 줄 알았다는 듯 엷게 웃으며 말을 이었다.

"만약 태형 씨가 100억 복권에 당첨됐다고 해보죠. 당첨 사실을 누구에게 알릴 건가요?"

듣기만 해도 절로 웃음이 지어지는 상상이었다. 하지만 자랑하고 싶어도 선뜻 떠오르는 사람이 없었다. 어머니는 병환으로 돌아가신 지 오래고, 여자 친구와는 헤어졌다. 가족이나 가족이 될 뻔한 사람은 아무도 곁에 남아있지 않은 상황이다.

"애석하게도 100억 짜리 복권에 당첨돼도 소식을 전할 가족이나 애인이 없네요."

"만약 헤어진 여자 친구가 태형 씨 복권 당첨 소식을 알게 되면 마음을 바꾸고 돌아올 가능성은 없나요?"

남자의 말에 잠깐 고민했지만 날 버리고 떠났던 여자 친구가 복권 당첨 소식을 듣고 다시 돌아오겠다며 받아달라고 한다면 더 싫을 것 같았다.

아무리 100억 원이라는 거액에 당첨됐다 한들, 돈은

결국 없어진다. 무엇이든 쓰면 닳고 없어질 수밖에 없고, 돈 또한 마찬가지다. 큰돈이 생겨서 다시 돌아올 사람이라면 돈이 없어지면 언제든 다시 떠날 수도 있다. 애초에 날 떠난 이유도 내게 아무것도 남지 않았기 때문 아니었던가.

"표정을 보니 예전 여자 친구에게는 복권 당첨 소식을 말할 생각이 전혀 없나 보군요."

"네. 100억 복권에 당첨될 일도 없지만, 설령 된다 해도 말하고 싶지 않네요."

"그럼 같이 기뻐해 줄 예전 직장 동료는 없나요?"

"전 직장의 직속상관은 절 너무 미워했던 사람이고…. 해고되고 나서 보니 회사라는 배경 때문에 맺어진 인연은 한계가 있다는 걸 명확히 느꼈어요. 배경이 지워지니 인연 도 희미해지는 것 같고요."

그러다 갑자기 누군가 떠올랐다.

"아! 운이 찾아오는 단계에 나타난 새로운 인물, 그 친 구라면 편하게 얘기할 수 있을 것 같아요!"

나는 나도 모르게 은서를 떠올렸다. 왠지 은서라면 복 권 당첨 소식에 같이 기뻐해 줄 수 있을 것 같았다.

"전 여자 친구도, 직장 동료나 학교 선후배도 아니고 운이 좋아지는 단계에 나타난 새로운 사람에게는 알릴 수 있다…. 왜 그 사람에게는 알릴 수 있다고 생각한 건가요?"

"솔직히 말씀드려도 돼요?"

"당연하죠. 애초에 100억 복권 당첨도 남이 들으면 현실성 없는 상상일 뿐이잖아요. 하지만 어때요? 우리끼리는 솔직하고 진지해도 되죠."

"100억 복권에 당첨됐다 해도, 그 친구는 돈 꿔달라는 소리를 안 할 것 같아요."

남자는 내 대답에 웃음을 터트렸다. 괜히 민망해진 나는 남자의 눈치를 살피며 물었다.

"조금 하찮은 이유인가요?"

"아니에요. 가장 중요한 이유죠. 정말 솔직하게 말해줘서 기분이 좋아서 웃은 거예요."

"은서라면 돈 꿔달라는 소리도 안 하고, 그냥 축하해 주고 기뻐해 줄 것 같아요. 막연하지만 그래요. 그럴 일은 없겠지만, 만약 100억까지도 아니고 10억 짜리 복권에 당첨된다 해도 은서에게는 말할 수 있을 것 같아요. 복권 당첨

기념으로 비싸고 맛있는 걸 사주고 싶기도 하고요."

"비싼 거 어떤 거요?"

"한우 곱창 같은 거요. 어쨌든 양은 적은데 비싸고 맛있는 거요."

"그런 상황을 상상만 해도 즐거운가 보군요. 오늘 하루 중 가장 밝은 표정을 짓고 있네요."

남자의 말에 나도 모르게 상가 쇼윈도에 비친 내 모습을 바라봤다. 정말이었다. 오늘뿐만이 아니라 최근 이처럼 활짝 웃는 내 모습을 본 적이 없었다. 나도 모르게 조금 놀랐다. 현실성 없는 상상 하나로 이렇게 기쁜 표정을 짓다니.

"복권은 불로소득이죠. 내가 노력해서 얻은 돈이 아니에요. 그럼에도 사람들은 복권에 당첨되면 누구에게 말할지 고민해요. 가장 높은 비율로 '아무에게도 말하지 않는다'를 선택하죠. 그다음은 '배우자에게만 말한다'예요. 더 낮은 비율로 '가족에게만 말한다'를 선택하죠. '가족과 친구들에게 모두 말한다'를 선택한 사람은 정말 소수에 불과해요. 왜일까요?"

"직접적으로 돈 좀 달라, 복권 당첨됐으니 나에게 이 정

도는 해줘야 하는 거 아니냐는 등 잡음이 많아지기 때문 아
닐까요?”

“정확해요. 불로소득을 크게 얻었으니 같이 좀 먹자는
거죠. 직접적으로 돈을 요구하지는 않더라도 술자리에 가
면 괜히 계산해야만 할 것 같고, 집안에 돈 쓸 일이 생기면
내가 다 감당하거나 거의 대부분을 감당해야 할 분위기가
조성될 수도 있기 때문이겠죠.”

인터넷에서 본 우스갯소리 중 가장 기억에 남는 말이
있다. ‘엄청난 부자가 되고 싶어요! 하지만 내가 부자인 건
아무도 몰랐으면 좋겠어요!’였나. 내가 부자란 걸 나만 알고
부를 온전히 나 혼자 누리며 조용히 살고 싶다는 말에 엄청
난 추천과 ‘좋아요’가 달렸던 기억이 난다. 그 아래 달린 베
스트 댓글 중 하나를 똑똑히 기억한다. ‘똥에는 파리가 꼬이
기 마련. 나도 돈 좀 많았으면 좋겠다. 아무도 모르게.’

“내 노력 하나 없이 불로소득으로 100억이 생겨도 아
무에게도 말하지 않겠다는 사람이 태반이에요. 그다음은
하나뿐인 배우자에게만 알리겠다죠. 그건 사람의 당연한
본능이에요. 자기 입으로 ‘나 돈 많아요!’라고 외친다면 딱

두 가지 경우밖에 없어요. 사기꾼이거나, 듣는 이를 정말 가족처럼 여기거나. 물론 사기꾼 역시 처음에는 가족처럼 친근하게 접근하니까 겉만 봐선 구분이 안 되긴 하겠네요.”

지극히 상식적인 얘기다. 똥에는 파리가 꼬인다. 돈 자랑을 하고 다녀봤자 ‘돈 많으니 네가 사!’라거나 ‘돈 좀 꿔줘. 너 돈 많잖아.’ 따위의 얘기만 들을 게 뻔하다. 유명 연예인의 경우 ‘사는 게 너무 어려운데 돈 좀 보내주시면 안 돼요?’ 따위의 DM을 수시로 받는다고 한다.

생활 관찰형 예능이 많아진 요즘, 사는 집이 노출된 연예인에게 생전 처음 보는 이가 찾아와서 초인종을 누르며 돈을 요구하는 경우도 흔하다고 한다. 일반인의 상식으론 도무지 이해할 수 없는 얘기지만 실제로 계속 벌어지고 있는 일들이다.

“아까 영화 〈굿 윌 헌팅〉 얘기를 잠깐 했었죠? 그 영화에 출연한 벤 애플렉의 자산이 2천억 원쯤 된다고 하더군요. 그런데 그의 열세 살 아들이 6천 달러짜리 고가 운동화를 사달라고 했대요. 우리나라 돈으로 한 켤레에 870만 원짜리 신발이면 엄청 비싼 건 맞지만, 2천억 원이나 가진 할리우드 스타가 아들을 위해 절대 못 사줄 금액은 아니죠. 근데 그는 뭐라고 했을까요?”

“글쎄요. 2천억 원이나 가진 부자 아빠인데 남도 아니고 아들이 사달라고 했으면 뭐 잔뜩 생색을 내면서 사주지 않았을까요? 아빠한테 “고맙습니다, 사랑합니다.” 말해보라고 하면서요.”

“아뇨. 정반대예요. 아들에게 이렇게 말했대요. ‘내가 돈이 많은 거지, 너는 빈털터리야!’라고요.”

순간 머리가 띵했다. 십 대 소년이라면 으레 운동화나 옷처럼 남들 눈에 빤히 드러나는 것에 한참 빠질 나이 아닌가. 나에게 2천억 원이 있다면 내 아들이 손가락으로 운동화를 가리키는 순간 점원더러 포장해 달라고 말했을지 모른다.

“벤 애플렉은 자수성가한 배우로 유명하죠. 같이 각본을 쓰고 영화에 출연한 맷 데이먼과 은행 계좌를 공유할 정도로 가난했다고 하고요.”

“힘들게 벌었으니 쉽게 쓸 수 없다는 것이로군요.”

“그렇죠. 돈의 가치를 일깨워주는 살아있는 교육이라고 할 수 있죠.”

“그런데 투자도 운이라는 것과 운동화는 대체 무슨 상관인가요?”

“되지도 않은 복권 당첨금에 대해서 고민하고, 자산이 2천억 원이 넘는 헐리우드 스타조차 아들의 요구를 거절하고 돈의 가치를 설파하지만, 유독 자기 입으로 100억 부자라고 말하고 다니는 사람들로 넘쳐나는 곳이 있어요.”

“네? 자기 입으로 자기가 100억 부자라고 말하고 다니는 사람이 있다고요? 그것도 넘쳐난다고요?”

“직접 확인해 볼래요?”

남자는 자신의 스마트폰을 내게 건넸다. 생뚱맞게 인터넷 서점 웰컴 페이지였다.

“서점 검색창에 ‘100억’을 쓰고 검색해 보세요.”

난 영문을 모른 채 남자가 시키는 대로 검색창에 100억을 입력했다. 그러고는 내 눈을 의심할 수밖에 없었다. 100억 키워드에 걸린 상품이 무려 374개가 떴기 때문이다. 하나같이 평범한 직장인이 젊은 나이에 100억 건물주가 되고, 주식으로 100억을 벌고, 무일푼 노숙자는 100억 CEO가 되고, 1천만 원짜리 땅은 100억이 될 수 있다고 외치고 있었다. 적어도 인터넷 서점에는 100억 건물주, 주식 천재, 땅부자, 성공한 사업가가 넘쳐났다.

"2천억 원 이상의 자산을 지닌 할리우드 스타조차 자신의 아들에게 '부자인 건 아빠지 넌 빈털터리야!'라고 말하는데, 왜 자신이 100억 부자라고 외치는 사람들이 쓴 책이 수백 권이나 되는 걸까요? 100억 복권에 당첨돼도 아무에게도 말하지 않고 혼자만 알겠다는 사람이 태반인 세상에서, 왜 유독 투자판에는 100억 부자가 넘쳐나는 걸까요? 왜 다들 선한 영향력을 끼쳐서 자신이 이룬 부의 비밀을 책값 몇만 원에 알려주려고 하는 걸까요?"

한 번도 생각해 본 적 없는 질문이었다. 하지만 듣고 보니 이것만큼 웃긴 코미디도 없었다. 100억은커녕 10억 복권에 당첨돼도 나 혼자만 알고 비밀로 하는 게 일반적인데, 투자판에는 돈 자랑을 하고 싶어서 미친 사람들만 모인 것 같았다. 그건 그렇다 쳐도 여전히 의문이 남는다. 투자와 운은 대체 무슨 관계라는 걸까?

투자도 결국 운이다

"성공한 투자자의 기준은 뭘까요?"

남자의 질문은 단순하지만 어려웠다. 이 사회의 절대 다수를 이루는 서민 입장에선 부모님으로부터 빚이나 안 물려받으면 다행이라 생각한다. 월급은 통장에 들어왔다가 사라지고, 내 명의로 계약한 자동차나 집을 사용하는 건 나지만 은행과 공동명의나 다를 게 없다. 등기권리증이나 전월세 계약서에 서명한 건 나지만 차와 집이 인질이 되어 금융권에 이자와 원금을 갖다 바쳐야 하는 족쇄 없는 노예나 다를 게 없다. 사치 한 번 부려본 적 없지만 소액이나마 적금을 들고 있는 게 투자의 전부라면 전부였다.

"성공한 투자자라면…. 뭐, 투자에 성공한 사람이 아닐까요?"

하나 마나 한 실없는 대답이라고 생각했는데, 남자는 우습게 받아들이지 않았다.

"월스트리트 역사상 가장 위대한 개인투자자라 불리는 사람이 있어요. 흔히들 투자자 하면 워런 버핏만 떠올리는데, 워런 버핏보다 앞선 세대의 전설이자 대선배죠. 열네 살 어린 나이에 5달러를 들고 가출해서 주식 투자로 1억 달러라는 천문학적인 돈을 벌어들였으니 전설이라 불릴 만하죠. '월스트리트의 큰 곰'으로 불린 제시 리버모어 Jesse Livermore 이야기예요. 그가 1929년 월스트리트 대폭락에서 벌어들인 1억 달러는 현재 가치로 따지면 우리나라 돈으로 약 2조 원 정도라고 하죠. 2천억도 아니고 무려 2조 원이니 상상하기도 힘든 액수죠. 그는 만 육천 평의 대지 위에 스물아홉 개의 방과 열두 개의 욕실이 있는 집에서 하인 열네 명의 시중을 받으며 살았어요. 여름에는 기사 딸린 롤스로이스 대신 길이가 92미터나 되는 요트를 타고 출근했고, 당대 최고의 오페라 가수와 유명 피아니스트, 브로드웨이 스타 등을 초대하여 연주회와 파티를 즐겼다고 해요. 주식 투자에 관심 있는 이라면 한 번쯤 들어봤을 『주식 매매하는 법How to Trade in Stocks』이란 책을 남기기도 했어요. 제시 리버모어에 대한 책은 여러 권이지만, 그가 직접 쓴 책은 『주식 매매하는 법』이 유일해요.”

“처음 듣는 이름인데, 일반인들은 정말 상상도 할 수 없는 삶을 살았군요. 2조 원이라는 투자 수익, 롤스로이스에 요트에 대저택까지…. 제 삶과 괴리가 너무 커서 감히 부럽다는 생각조차 안 들 정도네요. 그런데 왜 책은 한 권밖에 안 낸 걸까요? 당장 우리나라만 봐도 100억 부자들이 썼다는 책이 수백 권 검색되는데 말이에요.”

“첫 책이자 마지막 책인 『주식 매매하는 법』이 발간된 1940년, 제시 리버모어는 권총 자살로 삶을 마감했어요.”

생각지도 못한 결말에 입이 떡 벌어졌다.

“우리나라 돈으로 2조 원이나 벌었다면서요? 설마 그걸 다 날린 건가요?”

2조 원이라면 하루에 1억 원씩 1년에 365억 원을 펑펑

쓰며 50년을 보내도 다 못 쓸 돈이다. 그나마 이건 이자 없이 원금만 까먹었을 때의 얘기고, 아무것도 안 하고 숨만 쉬어도 2조 원에 알아서 이자가 붙을 테니 죽을 때까지 이자만 써도 그 이자조차 다 쓸 수 없는 돈이라고 봐야 한다.

"제시 리버모어는 생전에 네 번의 실패와 두 번의 공식적인 파산 신청을 했다고 알려져 있죠. 하지만 늘 다시 도전해서 재기에 성공했어요. 물론 전략적 파산을 택한 적도 있긴 하지만요. 이혼에 따른 재산 분할 등으로 상당한 재산을 까먹기도 했지만, 그러고 나서도 여전히 일반인이 닿기 힘든 부자였던 것도 맞아요. 안타깝지만 칠전팔기의 신화를 써 내려갔던 제시 리버모어도 깊어지는 우울증을 막지는 못했어요."

제시 리버모어는 네 번의 실패를 했고 다섯 번의 결혼을 했다. 하지만 그는 파산이나 가난 때문에 삶을 등진 게 아니었다. 그의 짧은 유서에서 그는 지쳤고 더는 버틸 수 없다고 했다. 어찌 보면 그는 투자에는 성공했지만 삶에서는 실패했는지도 모른다.

"성공한 투자자의 기준은 다른 게 없어요. 살아남는 투자자가 성공한 투자자예요.”

“죽지 않아야 한다는 말인가요?”

“강한 자가 살아남는 게 아니라 살아남은 자가 강한 자라는 말이 있잖아요? 투자판에서 잠깐 반짝하고 사라지는 게 아니라 끝의 끝까지 남아있는 자가 결국 성공한 투자자라는 얘기죠.”

“투자에서 죽지 않고 끝까지 살아남아야만 현생에서도 죽지 않고 살아남을 수 있다는 말 같네요.”

“그 말도 맞죠. 끝까지 버티고 살아남아야만 죽지 않는 셈이죠. 사전적 의미로든 광의로든 살아야 사는 거고, 죽지 않아야 사는 것이고요.”

하룻밤 사이에 현재 시세로 2조 원이라는 수익을 올린 제시 리버모어는 투자판에서는 살아남았지만 자기 손으로 삶의 스위치를 꺼버렸다. 우리에게 필요한 건 2조 원이나 되는 돈이 아니라 어떻게든 끝까지 버티고 살아남겠다는 의지다. 살아만 있다면 결국 무엇이든, 어떻게든 될 수 있다. 버티는 자가 끝내 강한 자로 살아남는 법이다. 투자판과 시장에서 사라진 사람들은 그 누구도 기억하지 않는다. 전설이 된 투자자들은 단순히 돈을 많이 벌어서 회자되고 칭송받는 게 아니라 그가 여전히 투자판에서 투자를 지속하고 있기 때문에 전설로 대접받는다. 반짝 스타로 태양처럼 빛나다가 이내 사라지는 것보다 새벽하늘의 샛별처럼 은은히 영원토록 빛나는 게 진짜 투자자이자 성공한 투자자다. 운이라는 이름의 기회는 누구에게나 열려 있지만, 운 역시 끝까지 끌고 가는 게 진짜 능력이다.

"아까 했던 얘기로 다시 돌아가 볼까요? 서점에서 '100억'으로 검색하면 수많은 책이 쏟아지잖아요? 심지어 십 년 전, 이십 년 전에도 100억 부자의 이야기가 책으로 유통됐어요. 십수 년 전에 100억 만들기 책을 낸 사람, 칠팔 년 전에 100억 부자 되기 책을 낸 사람은 지금도 여전히 투자판에 남아있을까요?"

남자는 여전히 대답하기 힘든 질문만 골라서 했다. 수중에 1억도 없는데 100억 부자들의 이야기는 딴 세상 신선놀음에 불과했기 때문이다.

"물가상승률이란 게 있으니까…. 게다가 100억이란 엄청난 자본을 지녔으니 투자를 위한 종잣돈의 스케일 자체가 일반인과 다를 테고, 십 년이면 강산도 변한다니까 더 큰 부자가 돼 있겠죠? 짜장면만 하더라도 십 년 전이랑 지금이랑 비교해 보면 엄청 올랐으니 그 비율로 따지면 100억 부자는 더 큰 부자가 돼 있겠죠.”

“진짜 100억 부자라면 그렇게 됐겠죠?”

“네? 진짜 100억 부자라뇨? 그렇다면 100억 부자 되기 책을 낸 사람들 중 가짜 부자가 있단 말인가요?”

“모두 다 가짜 부자는 아니겠죠. 하지만 피, 땀, 눈물이 하나도 안 들어간 복권 당첨 사실조차 비밀로 하겠다는 사람이 대부분인 건 이유가 있는 거잖아요? 근데 왜 죽을 둥 살 둥 자수성가한 이들이 스스로 돈 자랑을 하고 심지어 자신의 돈 버는 노하우를 알려준다고 하겠어요? 식당으로 바꿔 말하면 대박집 주인이 자신의 레시피를 온 천하에 공개한다는 거랑 똑같잖아요?”

“그거야 뭐, 다 같이 부자가 되고 잘 사는 사회를 만들겠다, 자신의 능력을 공유하며 선한 영향력을 끼치자는 거 아닐까요? 다들 그렇게 말하던데요?”

"그렇다면 식당 주인도 다 같이 맛있는 음식을 먹고 나누며 행복을 느끼게 하고 싶다는 선한 마음으로 자기 가게의 레시피를 공개할 수 있겠네요?"

"에이, 그건 영업 비밀이잖아요? 영업 비밀을 알려주면 어떻게 해요? 누구나 다 대박 맛집과 똑같은 맛을 낼 수 있다면 손님들이 굳이 원조집에 갈 필요가 없고, 그러면 결국 매출이 떨어질 텐데요. 더구나 비법이 공개되면 프랜차이즈 사업도 못 할 거 아니에요? 본사 영향력이 전혀 없는데 누가 가맹하려 들겠어요?"

"마찬가지예요. 주식으로 100억 부자 되기, 경매로 100억 부자 되기, 땅과 아파트로 100억 부자 되기, 미국주식으로 100억 부자 되기, 그게 진짜 레시피라면 책의 저자들은 다 100억 부자겠죠. 하지만 레시피를 공개해버리면 100억 부자라는 내 지위를 유지할 수 있을까요?"

게임 해킹 프로그램은 흔히 '핵'이라 불린다. 게임에서 핵을 쓰는 건 다른 게임 유저와 다른 전지전능한 권능을 얻는 것과 다를 게 없다. 하지만 게임에 접속한 모두가 핵을 쓴다면 핵은 더 이상 핵이 아니다. 게임에 참여한 모든 유저의 캐릭터가 무슨 일이 있어도 죽지 않거나 모두가 서로를 손쉽게 죽일 수 있다면 게임이 정상적으로 돌아갈 수 없다.

자본주의 사회에서 소수의 부자가 누리는 권력은 게임에서 핵을 쓰는 유저와 다를 게 없다. 민주주의의 주인은 시민이지만, 자본주의의 주인은 자본이다. 자본주의 사회에서 '모두 나처럼 부자가 될 수 있다'는 말은 '게임할 때 내가 몰래 쓰던 핵을 모두 쓸 수 있도록 공개할게요!'란 말과 같다. '나만 따라 하면 누구든 부자가 될 수 있다'는 말은 '평등을 위해 모두 가난해지자'는 말처럼 허무맹랑할 뿐이다.

우리는 제시 리버모어처럼 하루아침에 2조 원을 벌어들이는 전설이 될 수 없다. 롤을 좋아한다고 해서 롤을 하는 모두가 '페이커'가 될 수 없듯이 말이다. 될 수도 없는 것은 차치하고, 사실 그렇게 될 필요도 없다. 게임은 즐기며 끝까지 가는 게 중요하고, 투자 역시 끝까지 살아남는 게 중요하며, 삶 역시 끝까지 버티고 살아남는 게 가장 중요하다.

나보다 먼저 성공한 사람이 있다면 그가 먼저 운을 움켜쥐었을 뿐이고, 내게는 나만의 운과 기회가 기다리

 가을에 피는 국화가 봄을 알리는 벚꽃을 질투할 필요가 없듯이 말이다. 누구나 저마다의 때가 있다. 꽃의 아름다움은 개화의 이르고 늦음으로 결정되는 게 아니다. 자신의 때에 만개하는 꽃은 어느 꽃이라도 다 아름답다. 개화 시기가 인생의 가을 즈음이라 해서 늦다고 한탄할 것도 아니고, 봄에 먼저 개화한 다른 이를 질투할 필요도 없다. 모두에게는 나만의 때가 있다. 그때가 언제인지 알아차리는 게 중요하다.

"100억 부자가 될 수 있다는 책은 십 년에 한 번꼴로 계속 등장하는 유행 같아요. 하지만 중요한 건 십 년 전과 이십 년 전에 100억 부자 되기 책을 냈던 저자들은 유행이 지나고 잊혀지듯 다 사라졌다는 거죠. 투자판에서 살아남지 못하고 없어졌단 말이에요."

생각지도 못한 접근이었지만 눈이 번쩍 떠지는 기분이었다. 한때 서점가에서 베스트셀러였던 『누가 내 치즈를 옮겼을까?』가 아니라 '그 많던 100억 부자들은 다 어디로 갔을까?'를 물을 때였다.

"투자라는 건 결국 거대한 돈의 파도가 몰려왔을 때 그 파도에 몸을 싣는 행위에 불과해요. 운이 좋아 돈의 파도에 몸을 실었던 사람은 큰 부자가 됐죠. 하지만 밀물이 있으면 썰물도 있는 법이에요. 물이 들어올 때 노를 저어야 하지만, 물이 빠질 것 같으면 배에서 재빨리 내릴 줄도 알아야 하는 거죠. 돈의 파도 역시 운의 영역이에요. 운이 좋아 파도에 올라탄 것일 뿐인데 내 능력과 나만의 노하우로 돈의 파도에 올라탔다고 생각하는 사람은 물이 빠질 때를 대비하지 못했다가 얻었던 것 이상으로 날리곤 해요. 높은 곳에서 떨어지면 그만큼 더 아픈 법이고요."

남자의 말을 듣고 보니 운 좋게 초기 제품이 대박 나서 카페까지 오픈했지만, 자신을 맹신했다가 결국 빈털터리가 된 후배가 떠올랐다.

"그런데 개인 사업 같은 건 운이 좋아야 성공한다는 걸 이해하겠는데, 투자도 운이라는 건 선뜻 받아들이기 어려운데요? 개인 사업이야 규모가 작아서 운이 지배한다지만, 투자라는 건 시장의 사이즈 자체가 다르지 않습니까?"

"지난 4월 트럼프 미 대통령이 전 세계를 상대로 관세

전쟁을 선포했죠. 장 마감 후에 트럼프가 상호 관세를 발표했는데, 그다음 날인 4월 3일부터 8일까지 4영업일 동안 뉴욕 증시에서 증발한 시가총액은 7조 7천억 달러였어요. 우리나라 돈으로 따지면 1경 1,330조 원이라는 엄청난 금액이죠. 2024년 대한민국 예산 총액이 656조 6천억 원이었던 걸 떠올려 보면 우리나라 17년 예산이 미 대통령의 입에서 나온 말 몇 마디에 며칠 새 증발한 꼴이에요. 이런 재앙 같은 상황이 벌어지리란 걸 어느 누가 짐작이나 했을까요? 기업의 가치, 혁신 동력, 초격차, 오너의 리더십 따위와는 아무 상관도 없고 예상도 못한 일에 주가가 소멸하는 꼴이에요. 이때 내 종목이 떡락했다고 해서 내가 노력을 게을리 한 걸까요? 내 투자가 잘못된 걸까요? 전혀 아니에요. 내가 뭘 실수하거나 못 해서 맞닥뜨린 결과가 아니잖아요?"

"갑작스런 리스크로 주가가 떨어진 게 개인의 역량이나 노력과는 아무 상관없는 일이라는 건 알겠어요. 내가 투자 종목을 잘못 고르거나 매매 타이밍을 잘못 정한 게 아니라 천재지변에 가까운 악재를 만난 셈이니 운이 지독히 나빠서라는 것도 알겠어요. 하지만 주식이든 코인이든 높은 수익률을 올리는 것도 단지 운이 좋아서인가요? 전 아니라고 보는데요? 투자자 자신이 능동적으로 종목을 선정하고 매수 시기를 결정하는 거니까 이건 운과는 전혀 상관없는 거 아닌가요?”

불행은 예고 없이 다가온다. 깜깜한 밤에 갑자기 뒤통수를 맞듯 늘 기습적이며 공격적으로 다가오는 게 불행이란 녀석이다. 하지만 불행이나 악재는 손실의 영역에만 해당되는 게 아닐까? 이익을 보는 건 철저한 계산이나 확신, 어느 정도의 무모한 용기가 적절히 섞인 베팅 때문 아닐까?

“코인 게시판이나 투자 커뮤니티에 가면 자랑스레 수익 인증을 하는 투자자가 있죠. 그런데 불과 1년이 채 지나지 않아 마이너스가 찍힌 계좌를 인증하며 죽고 싶다고 말하는 경우를 보게 돼요. 마치 100억 부자 되는 책을 써낸 저자가 시간이 지나고 보니 어디에서 무얼 하는지도 모르게 사라졌거나, 심한 경우 사기 등으로 기소된 경우와 다를 게 없어요. 얼마를 버느냐가 중요한 게 아니라 얼마를 벌었든 그걸 지켜내고 유지하는 게 실력이죠. 하지만 돈 좀 벌었다고 새로운 유행처럼 등장하는 '영 앤 리치'의 주인공들이나 성공한 투자자들을 보면 벌어들인 걸 유지하지 못하고 쓰러지는 경우가 대부분이에요. 그저 운이 좋아서 남들보다 빨리 돈의 파도에 올라탄 것뿐인데 그걸 자신의 능력으로 착각하기 때문이에요."

어느 날 갑자기 동창회에 나타나 수입차와 명품을 자랑하는 이가 있다. 잘 안 보이나 싶었는데 설날이나 추석에 나타나 은근히 돈 자랑을 하는 친척도 있다. 중요한 건 얼마나 크게 벌었느냐가 아니라 끝까지 재력과 성공을 유지하느냐다. 하지만 대부분은 돈의 파도에 운 좋게 올라탄 경우이기에 물이 빠질 때 본래 있던 자리 또는 더 아래로 고꾸라지곤 한다.

"벌었던 걸 잃는 경우는 운이 관여한다는 걸 알겠어요. 스스로 운을 유지하지 못한 셈이니까요. 하지만 투자로 돈을 버는 것마저 운이 지배한다는 건 여전히 이해하지 못하겠는데요?"

남자는 내 질문이 당연하다는 듯 고개를 끄덕이더니 아주 흥미로운 이야기를 꺼냈다.

"어릴 때, 그러니까 제가 꼬맹이일 때죠. 그때는 초등학교가 아니라 국민학교 시절이었으니 참 오래되긴 했네요. 어머니와 어디에 가고 있었는지 기억이 나지 않는데, 그때 어머니께 물었던 질문은 똑똑히 기억하고 있어요. 첫 번째 질문은 '돈은 누가 만들어요?'였어요. 어머니는 나라에서 만든다고 대답하셨죠. 나라에서 돈을 찍어낸다는 어머니의 말을 듣고, 전 진짜 궁금했던 걸 다시 여쭸죠. '돈을 나라에서 만드는 거라면 돈을 엄청 많이 찍어내면 되는 거 아니에요?'라고요. 돈을 많이 찍어서 가난한 사람에게 나눠주면 배고파서 굶는 사람도 없을 테고, 모두가 행복해질 거라고 어린 마음에 생각했던 것 같아요."

"돈을 무한정 찍어내면 인플레이션이 오잖습니까?"

"맞아요. 어머니는 제게 이렇게 물었어요. '우리 아들은 어떤 과자가 가장 좋아?'라고요. 제가 신나서 과자 이름을 말하자 어머니는 다시 물었어요. '나라에서 돈을 엄청 많이 찍어내서 우리 아들이랑 친구들 모두 돈이 많아졌어. 그런데 과자를 먹고 싶은 친구는 100명인데 과자는 다섯 개밖에 없으면 어떻게 되겠니?' 라고요."

“그야 당연히 과잣값이 올라가겠죠?”

“그렇죠. 수요는 폭발적인데 공급이 적으니 값이 올라갈 수밖에 없죠. 하지만 그때 전 어렸기 때문에 과잣값이 올라간다는 생각은 전혀 못 했어요.”

“그럼 뭐라고 대답하셨는데요?”

“돈이 많은 친구는 100명이고 남은 과자는 다섯 개라면 나머지 95명의 친구들보다 먼저 뛰어가서 과자를 살 거라고 했죠.”

“아이만이 떠올릴 수 있는 순진무구한 답을 하셨네요.”

“당시 꼬마였던 전 몰랐지만, 한참 후에 돌이켜보니 자본주의를 관통하는 대답을 했더라고요.”

“네? 다른 친구들보다 먼저 뛰어가서 과자를 산다는 게 자본주의를 관통하는 대답이라고요?”

남자는 대답 대신 고개를 끄덕였다.

“초등학생도 이해할 수 있는 원리예요. 나라에서 돈을 많이 찍어서 뿌리면 사람들은 부자가 된 기분이 들 거예요. 하지만 돈이 많이 풀렸어도 물건 개수는 그대로이니 물건값은 비싸지겠죠. 그런데 재빠른 사람들은 물건 값이 오르기 전에 얼른 달려가서 물건을 사요. 어떤 사람은 가진 돈을 다 털어서 남은 과자 다섯 봉지 전부를 사들일 수도 있죠.”

“꼭 봉이 김선달 이야기에 나오는 매점매석 같네요.”

“그런 셈이죠. 한 사람이 과자 다섯 봉지를 가지고 있다면, 과자를 먹고 싶은 누군가는 웃돈을 주고서라도 과자를 사려고 하겠죠. 하지만 과자 다섯 봉지를 가진 사람은 급할 이유가 없어요. 기다리다 보면 누군가는 반드시 웃돈을 제시하며 과자를 사겠다고 나설 테니까요. 이런 분위기를 눈치챈 과자 회사는 생산라인을 신규 개설해서 과자 생산량을 늘리겠죠. 물이 들어온 참에 과자 매출을 올릴 생각으로 말이죠.”

“왠지 어디에서 본 것 같은 흐름인데요?”

“그럴 수밖에요. 꼬마였을 때는 나라에서 돈을 많이 찍으면 가난한 사람과 굶는 사람을 구제할 수 있을 거라고 생각했어요. 그런 생각을 했던 이유는 우리 집이 말 그대로 찢어지게 가난했기 때문이에요. 어린 마음에 나라에서 돈을 많이 찍어내면 우리 집에도 돈이 들어올 테고, 그러면 배불리 먹을 수 있으리라 생각했던 거죠. 하지만 정부가 무턱대고 돈을 찍어내지 않는 이유는 돈이 풀리면 물가가 오르는 인플레이션이 발생하기 때문이죠. 인플레이션이 도래하면 내 월급 빼고 다 올랐다며 사람들은 정부 욕을 엄청나게 할 거예요. 다음 대선이나 총선 때 정권이 바뀔 가능성도 커지 겠죠. 하지만 우리나라를 비롯해 세계 모든 나라가 인플레 이션 우려에도 불구하고 돈을 푸는 시기가 있어요. 꼬마 입 장에선 돈 찍어내기로 표현하겠지만, 경제 뉴스에서는 이 런 걸 일컬어 양적 완화라고 하죠.”

양적 완화가 조폐 공사에서 돈을 무한정 찍어내는 행 위를 말하는 건 아니지만, 꼬마의 시선에서 볼 땐 시중에 유 동 자금이 공급되는 상황이니 차이가 없어 보일 것이다. 제 로금리에 가깝게 금리를 내리고도 경제가 살아날 기미를 보이지 않으면 심폐소생술처럼 행하는 게 양적 완화다. 의 식을 잃은 이에게 심폐소생술을 하면 흉부 압박으로 인해 갈비뼈에 금이 가거나 부러질 수도 있다. 하지만 심폐소생 술을 하지 않으면 의식을 되돌리기 힘들다.

결국 뼈가 부러질 것을 각오하고 죽어가는 이에게 심 폐소생술을 실시한다. 상식적으로 사람이 죽는 것보다는 뼈가 부러지는 게 낫기 때문이다. 자본주의 또한 마찬가지다. 양적 완화라는 심폐소생술을 실시하면 인플레이션이라는 갈비뼈 골절이 뒤따라올 것을 뻔히 알면서도 세계 각국의 정부는 양적 완화를 시행한다. 심폐소생술로 기사회생한 경제에는 물가 상승이라는 필연이 뒤따른다. 물가뿐만 아니라 주식이 오르고, 집값도 오른다.

어떤 이들은 이때 누구보다 먼저 달려가 다섯 봉지 밖에 없는 과자를 사들인다. 재빨리 시장에 진입해 헐값이거나 최소한 정가에 가까운 아파트와 주식을 사들이는 것이다. 그리고 때를 기다린다. 누군가 웃돈을 주고서라도 사겠다고 나설 때까지 말이다. 이게 바로 주가와 아파트값 폭등의 시작이다.

"사려는 사람은 많은데 물건 개수가 한정돼 있다면 값이 오른다는 건 이제는 아이들도 아는 상식이에요. 중고장터나 동네 직거래 어플을 통해 나이나 성별에 상관없이 누구나 직접 매매 주체가 되어 경제활동을 경험하고 있잖아요? 우리 때보다 훨씬 더 어린 나이에 이미 자연스레 흥정도 하고 '부르는 게 값'이 되는 자본주의 투기 시장의 축소판을 경험하는 셈이죠. 그런데 경험적으로 수요와 공급의 법칙을 깨달은 아이들보다 어른들이 더 답답하게 변할 때가 있어요. 바로 '투자판'에 뛰어들었을 때죠. 아이들은 과자가 다섯 봉지밖에 없는데 먹고 싶은 사람이 100명이면 뛰어가서라도 먼저 사요. 하지만 어른들은 양적 완화라는 돈의 파도가 몰아칠 때 아무도 움직이지 않아요. 왜일까요? 양적 완화가 다가올 때는 사회가 이미 극심한 혼란에 빠졌을 때이기 때문이죠. 금리도 바닥이고, 물건 값도 바닥이에요. 과자가 바로 눈앞에 있어도 뛰어가기는커녕 사 먹을 생각조차 못 하는 거예요."

"저, 죄송한데 양적 완화와 돈의 파도가 대체 무슨 관계인지 잘 이해하지 못하겠는데요?"

"행운이 다가오는 첫 번째 신호가 뭐라고 했죠?"

"자의든 타의든 환경이 변하는 거였죠. 저 같은 경우 해고와 실연이었고요."

"해고나 실연 같은 개인적 불행이 오히려 행운이 다가오는 신호라고 했을 때 처음엔 받아들이지 못했죠?"

“네. 안 좋은 일만 잔뜩 일어났으니 불행해지면 불행해
졌지 운이 좋아지는 신호라고는 전혀 생각 못 했죠. 하지만
이제는 이해하겠어요.”

“마찬가지예요. 사람이나 사회나 행운이 다가올 때
의 신호는 똑같아요. 운이 좋아질 때는 마치 불행이 다가
오는 것처럼 보이죠. 생각지도 못하게 나를 덮친 사건과
상황이 너무 괴롭기 때문에 지금 내 대운이 바뀌며 운이 좋
아진다는 걸 짐작조차 못 하는 거예요.”

“개인뿐만 아니라 사회에도 행운이 찾아오는 신호가
동일하게 적용된다고요?”

“네! 바로 그거예요! 우리나라의 예를 들어볼까요? 한
국은행은 2020년 3월 말 금융사에 유동성을 무제한 공급
하기로 했어요. 왜였죠?”

“2020년이면 코로나19로 전 세계가 혼란스러웠던 때
잖습니까?”

“맞아요. 주가는 지하실이 어딘지 모르게 폭락하고 또
폭락했죠. 그래서 한국은행이 금융시장 불안 해소와 실물
경제 악영향을 줄이고자 양적 완화를 실시한 거예요. 제가

꼬마였다면 '나라에서 돈을 무한정 찍어서 풀었다'라고 느꼈을지도 모를 상황이죠. 그 후 어떤 일이 벌어졌죠?"

"아! 이제 알겠어요!"

코로나19 여파로 주가가 폭락했을 때 주식을 샀던 주변 이들은 적게는 몇백만 원에서, 많게는 몇천만 원까지 수익을 봤다. 주식 시장의 투자 열풍은 이내 부동산으로 번졌고, 아파트값은 그 후로 몇 년 동안 폭등을 이어갔다.

"웹소설이나 웹툰을 보면 현재의 기억을 그대로 간직한 채 과거로 돌아간 주인공이 등장하곤 하죠. 전 세계의 사건 사고를 모두 알고 있으니 미리 위기를 예방하거나 사전 투자로 엄청난 수익을 올리잖아요?"

그래, 생각난다. 재벌 회귀물의 시작을 알린 유명 웹소설이 드라마로 재탄생해 한참 인기를 끌었다. 주인공은 억울한 죽임을 당했지만 대기업 창업주의 손자로 회귀해 대한민국 경제사의 굵직한 재앙, 거대한 리스크를 오히려 투자 기회로 활용해 엄청난 돈을 벌어들였다.

"돈의 파도가 몰려온다는 건 이 사회에, 그리고 개인에게 행운이 찾아온다는 첫 번째 신호예요. 물론 개인이 겪는 해고나 실연처럼 이 사회의 대운이 바뀌는 순간은 고통과 불행으로 가득 찬 것처럼 보이죠. 1997년 IMF 외환위기, 2008년 글로벌 금융위기도 경천동지할 정도로 환경이 바뀌는 시기였어요. 수많은 이가 고통을 받았고, 이 사회를 저주했죠. 궁지에 내몰려 목숨을 끊는 이도 많았고 사회적 신분 자체가 추락한 이도 많았어요."

"마치 해고와 실연을 동시에 겪은 저처럼 사회 전체가 나락으로 떨어진 것이로군요."

"그렇죠. 하지만 환경이 바뀌는 건 개인과 사회가 리셋되며 곧 찾아올 대운이 들어찰 공간을 비우는 과정이에요. 웹소설이나 드라마 속 회귀한 주인공에게도 IMF나 글로벌 금융위기는 재앙이 아니라 행운이었어요. 사회가 리셋될 때, 타의로 환경이 바뀔 때 돈의 파도가 밀어닥칠 거라는 걸 이전 생에 경험해서 이미 알고 있었기 때문이죠."

남자의 말은 단순하고 쉬웠지만 왠지 모를 전율을 일으켰다. 행운이 찾아오는 신호는 한낱 개인에게만 적용되는 게 아니라 사회에도 동일하게 적용된다는 말이 가슴에 깊이 꽂혔다. 쿵쾅대는 가슴을 진정시키며 운이 들어오는 신호를 다시 한번 상기했다. 자의든 타의든 환경이 바뀌고, 고통스러운 일이 연속되며, 영향을 끼칠 새로운 존재가 등장한다. 사회로 따지면 정리해고나 파산 등으로 사회 환경이 급격하게 바뀌며, 경기침체와 내수 부진 등의 고통스러운 일이 연속되며, 새로운 자본이나 정부 정책이 적용된다. 아니면 사회개혁을 외치는 새로운 인물이 나타난다.

운의 거대한 흐름은 개인과 사회를 가리지 않고 동일하게 발생하는 것이며, 반대로 말하면 사회 전체에 영향을 끼칠 운의 흐름이 다가왔을 때 개인은 얼른 그 운에 편승해야 한다는 것이다. 사회에 불어 닥치는 위기는 언뜻 보면 끔찍한 불행처럼 보이지만, 실상은 불행의 가면으로 얼굴을 숨긴 행운의 신호이자, 사소한 계기로 인생이 급격히 전환되는 퀀텀 점프Quantum Jump의 기회다.

"꼬마였던 제가 어머니께 했던 질문을 잊지 마세요. 나라에서 돈을 찍어내는 거라면, 무한정 돈을 찍어서 뿌리면 다 같이 부자가 되고 행복해지는 거 아니냐는 질문요. 초저금리와 불확실한 경제 상황 속에서 양적 완화라는 마지막 조치가 내려질 때 다섯 봉지 밖에 없는 과자를 뛰어가서

242

선점하는 사람이 결국 부자가 될 겁니다. 코로나19 상황에서 우리나라가 양적 완화를 선택했던 당시의 사회 분위기를 떠올려 보세요. 돈이 풀리니 과잣값이 올라갔죠. '강남'은 모두가 갖고 싶어 하던 과자였어요. 불과 몇 년 사이, 아무도 과자를 사지 않던 흐름이 급변하더니 과자를 사지 않으면 바보라 불리고 평생 전세 거지로 살 거라는 말까지 아무렇지도 않게 돌던 시기가 왔어요. 부의 파도에 먼저 올라탄 이들, 먼저 뛰어가서 과자를 산 사람들의 말에 힘이 실리고 그들이 자본주의의 신으로 신격화되던 게 불과 얼마 되지 않은 일이죠. 우리가 해야 할 일은 그때 100억 부자 되기를 외친 이들 중 다음에 찾아올 돈의 파도까지 살아남을 사람이 누구인지, 누가 진짜 부자이며 누가 진짜로 운을 이어 가는지 주시하는 것이겠죠. 가짜라면 다음 돈의 파도가 몰아치기 전에 비바람에 흩어질 테고, 진짜라면 그때까지 버티고 버텨 끝내 성공한 투자자로 자신을 각인시키겠죠. 물론 우리 역시 돈의 파도에 직접 편승할 수도 있고요."

남자의 말 한마디 한마디가 머릿속을 계속 울렸다. 복잡하고 거대하게만 봤던 돈의 흐름, 투자의 성패 역시 운의 흐름으로 보니 단순하기 그지없었다. 하지만 여전히 내게 남은 의문이 있었다.

"운이 오는 신호가 개인과 사회에 동일하게 적용되는 건 알겠어요. 급작스러운 환경의 변화, 고통의 연속, 영향을 끼칠 새로운 존재의 등장. 여기까지는 운의 신호인 걸 분명히 알겠거든요? 그런데 감사와 헌신이 투자자에게는 어떻게 적용된다는 거죠? 행운이 찾아온 후 운을 유지하기 위해 감사하고 헌신하는 행위가 투자자에게도 필요한 건가요? 기부 같은 걸 하면 운이 유지된다는 겁니까?"

남자는 잠시 말을 고르는 듯하더니, 곧 결심한 듯이 입을 열었다.

"이제 제 얘기를 해야 할 때가 된 것 같군요."

방금까지 활기 넘치던 남자의 눈빛에 문득 쓸쓸함이 스쳐 지나갔다.

"저는 젊은 나이에 운 좋게 돈의 파도에 올라탔었죠. 하지만 운이 좋아서 시기를 잘 만난 것을 제 능력이라 착각했어요. 그러다가 과한 욕심을 부리고 심지어 법을 어기기까지 했어요. 내가 잘나서가 아니라 단지 운이 좋았을 뿐이었다는 걸 그때 알았더라면, 그래서 내가 이룬 게 운의 산물이라는 걸 알고 감사했더라면 범죄자가 되지도 않았을 테고 가진 전부를 잃지도 않았을 거예요. 그때 잃은 건 다시는 되찾을 수 없는 것이었으니까요.”

운과 돈에 대해 통달한 것처럼 말하던 당당했던 모습은 어디 가고, 내 앞의 남자는 고독과 회한에 젖어 고개를 숙인 늙은 남자처럼 보일 뿐이었다.

운이 좋았고, 지독히도
운이 나빴던 남자의 이야기

남자의 이름은 노경우였다. 그에게는 배다른 형제들이 있었다. 노경우의 아버지가 사별이나 재혼을 했기 때문은 아니었다. 어머니는 아버지의 두 번째 부인이었다. 첫째 부인이 멀쩡히 살아있었고, 노경우의 어머니는 첫째 부인을 언니라 부르며 따랐다. 아버지를 아버지라 부를 수 있었지만 아버지는 집에 잘 없었다. 아버지는 첫째 부인과 살았기 때문이다. 지금이라면 상상도 할 수 없는 일이지만 그 당시는 보기 드문 일도 아니었다. 격동하는 사회에서는 더 이상한 일도 아무렇지 않게 일어나곤 했다.

남자의 아버지는 엄한 사람이었다. 저렇게 엄하고 무서운 표정을 짓고 있는 사람이 어떻게 둘째 부인까지 얻고 부인들과의 사이에서 아이를 다섯이나 얻었는지 어린 노경우는 늘 의아했다. 한국전쟁이 끝나고 주변이 잿더미가 되어버렸던 시절, 노경우의 아버지는 배짱과 뛰어난 머리 하나로 사업을 일궜다. 그의 사전에 실패란 없었다. 아버지는 전후 재건이 필요했던 사회에서 대중에게 삽을 쥐어준 뛰어난 리더였다. 지금 새로 벌리는 일이 이전에 성공했던 사업과 대체 무슨 연관이 있나 싶을 정도로 생경한 일이라도 노경우의 아버지는 한 치의 망설임도 없이 뛰어들었고, 결국 보란 듯이 성공시키곤 했다.

아버지는 평생 먹고 살 돈을 벌어들였다. 수완 좋은 사업가였던 아버지는 교수 집안의 딸과 결혼하여 아이 셋을 두었다. 첫째 부인의 아들은 아버지를 닮아 통이 크고 자신감이 넘쳤으며, 딸들은 어머니를 닮아 명석하고 우아했다. 아버지와 마찬가지로 첫째 부인 자식들의 인생은 술술 풀렸다. 박사가 되고 교수가 되었으며 아버지의 사업 중 하나를 물려받은 사장님이 되었다. 누가 봐도 자식 농사를 잘 지었다는 소리를 들을 법했다.

하지만 둘째 부인의 자식이자 막내였던 노경우의 삶은 뜻대로 잘 풀리지 않았다. 노경우의 어머니는 사랑이 많은 사람이었지만, 첫째 부인처럼 좋은 집안 출신도 아니었고 유복하지도 못했다. 노경우의 누나는 스무 살이 되자마자 덜컥 임신을 했다. 매형 될 사람은 어린 노경우가 보기에도 어디 한구석이 모자라 보였지만 누나가 행복해 보였기 때문에 말을 보태지 않았다. 누나와 매형은 서로를 사랑하며 행복하게 살았지만 평생 궁핍을 면하지 못했다. 첫째 부인과 그 자식들의 여유롭고 안온한 삶에 비하면 누나의 삶은 비루하고 늘 조마조마했다.

노경우는 내일을 걱정해야만 하는 오늘을 사는 게 싫었다. 같은 아버지에게서 나온 자식들인데 첫째 부인의 자식들은 오늘을 온전히 즐기며 더 나은 내일을 기대하고 살았고, 두 번째 부인의 자식들은 하루를 겨우 버티며 전전긍긍해야만 하는 게 싫었다. 어느덧 시간이 흘러 장성한 자식들은 모두 독립했고, 첫째 부인은 병을 얻어 세상을 떴다. 노경우의 어머니는 혼자 남은 아버지의 집으로 들어갔다.

시간이 흐르고 세상이 바뀌었다. 두 번째 부인이었던 어머니는 아버지의 손을 잡고 동네를 산책하곤 했다.

이웃들은 금슬 좋은 노부부라며 부러운 눈빛으로 아버지와 어머니를 바라보곤 했지만 노경우는 명절을 제외하곤 집에 찾아가지 않았다. 아니, 명절에도 이런저런 핑계를 대며 얼굴을 비추지 않았다. 노경우는 보란 듯이 성공해서 아버지 앞에 서고 싶었다. 하지만 성공이란 건 늘 잡힐 듯 하면서도 잡히지 않았고, 가까이 다가왔다가도 놀리듯 저만치 달아나곤 했다.

여전히 겨우겨우 살아가던 누나와 매형은 아이들을 데리고 먼 길을 달려 어머니 아버지를 보러가곤 했다. 첫째 부인의 두 딸은 모두 미국에서 살았기에 아버지의 곁에 남은 유일한 딸은 누나였다. 하지만 노경우는 누나처럼 아버지에게 살갑게 굴 수 없었다. 그러고 싶지 않았다. 어떻게든 성공하고 싶었다. 아버지보다 더 많은 돈을 벌고 싶었다. 빠르게 부자가 되려는 욕심은 모든 걸 그르친다는 걸 젊은 노경우는 알지 못했다.

노경우는 증권사 신입사원으로 취직했다. 돈을 많이 벌려면 돈이 지나가는 길목에 서 있어야 한다는 노경우의 신념과 딱 맞아떨어진 직장이었다. 퇴근 후 포장마차에서 술잔을 기울이며, 노경우는 평소 궁금했으나 쉽게 말을 꺼내기 어려웠던 질문을 동석한 선임에게 던졌다. 쟁쟁한 학벌 출신들로 가득한 증권사에 지방대 출신인 자신이 어떻게 취업할 수 있었는지에 대한 근원적인 물음이었다. 선임의 답은 간단했다.

"죽었어."

"네?"

"네 책상 전 주인, 자살했다고."

선임은 안주로 꼼장어를 추가했다. 빈 접시는 치워지고 매콤하고 맛깔나 보이는 꼼장어가 앞에 놓였다. 빈 접시가 치워지듯 사무실에 빈자리가 생겼기에 노경우가 그 자리를 채운 것이다. 바꿔 말하면 전임자의 죽음 덕에 산 자의 자리가 생긴 것이다.

"야, 노경우! 이 경우 없는 새끼. 선배 술잔 빈 거 안 보이냐?"

선임의 핀잔에 노경우는 얼른 빈 잔에 술을 따랐다. 말은 그래도 노경우를 예뻐하는 선임이었다.

"요새 일은 좀 어때? 힘들지?"

"아닙니다! 선배님께서 잘 챙겨주셔서 할 만합니다!"

"그래, 알면 됐어. 솔직히 나 아니었으면 너 적응이나 제대로 했겠냐?"

선임이 잔을 들었다. 노경우는 재빨리 선배의 잔에 자신의 잔을 부딪쳤다.

"걱정하지 마. 시장은 바닥을 찍었어. 이제 때가 문제일 뿐, 장이 살아날 거야."

노경우가 취직하기 반년 전만 해도 국내 주식시장은 지하실을 뚫고 내려간다며 죽상이었다. 차트는 하락의 푸른빛으로 얼룩져 있었고, 매일 아침마다 얻어맞아 멍이라도 든 것처럼 푸르뎅뎅한 꼴로 장을 열었다.

"여의도에서 일하는 양복쟁이들은 다 아는 속설이 있는데 말이야, 하락장에서 다들 기다리는 소식이 있어. 그게 뭔지 아냐?"

"글로벌 호재나 미국 시장의 반등 조짐 같은 건가요?"

“아냐. 주가는 호재를 선반영하잖아? 좋아질 것 같은 낌새가 조금이라도 보인다면 이미 주가가 오르고 있겠지. 글로벌이니 뭐니 그런 거시적인 거 말고, 시장 전환의 확실한 시그널이 있어. 너도 짬이 조금만 차면 알게 될 거야.”

“죄송한데 아직은 전혀 모르겠습니다.”

선임은 맹물이라도 마시듯 술을 입안에 털어 넣었다. 안주도 집어 먹지 않은 채 충혈된 눈으로 노경우를 바라보던 선임은 휴지를 한 장 뽑아 입을 닦으며 말했다.

“부고야. 다들 부고를 기다려.”

누군가 상을 당했다는 소식이 시장 전환의 확실한 시그널이라는 걸 노경우는 선뜻 이해할 수 없었다.

“증권사에서 일하는 애널리스트가 됐건, 전문가가 됐건 누구 하나 죽었다는 소식이 들려오길 바라는 거야. 나만 아니면 되니까 누구든 콱 죽었다는 소식이 들려오면 다들 ‘아, 이제 바닥을 찍었구나. 조금만 더 버티면 시장이 살아나겠구나.’ 하면서 안도하는 거지. 이 바닥이 생각보다 좁아서, 한 다리 건너면 다 아는 사이니까 부고는 찌라시보다 더 빨리 퍼지거든.”

선임은 마음이 여리고 약한 사람이었다. 신입인 노경우 앞에서 위악을 부리며 짐짓 강한 척하고 있었지만, 하락의 시대를 건너는 투자자들의 심장은 이미 찢어질 대로 찢어진 상황이었다. 증권사에서 잔뼈가 굵은 선임이라도 맨정신으로 견딜 수 있을 리 없었다.

1986년부터 89년까지, 증권 시장은 늘 축제였다. 저금리, 저유가, 저달러의 3저 호황을 힘입어 1989년 3월, 코스피는 사상 처음 1,000포인트를 돌파했다. 1988년에는 12년 만에 IOC회원국 대부분인 160개국이 참여하는 서울올림픽이 열렸다. 전후의 폐허를 딛고 일어선 한강의 기적을 전 세계에 송출한 기적의 올림픽이었다.

당시 아시아에서 하계 올림픽을 개최한 건 일본이 유일했다. 일본 역시 원자폭탄의 잿더미에서 기적처럼 일어선 자국의 상황을 올림픽을 매개로 전 세계에 홍보했다. 대한민국 역시 그 전철을 밟았다. 대한민국은 일본에 이어 아시아에서 두 번째로 하계 올림픽을 개최했다. 그리고 먼 훗날 중국은 일본과 한국의 뒤를 이어 올림픽을 개최했다. 어찌 보면 올림픽은 거품의 정점을 상징하는지도 모른다. 올림픽 이후 모두 힘든 시간을 지나야만 했으니 말이다.

1990년 이후 코스피는 1층에서 지하로, 지하에서 더 아래로 끝없이 추락하고 또 추락했다. 지하실이라 생각했지만 아직 끝나지 않은 지옥의 불구덩이가 아가리를 벌리고 있었다. 1992년 즈음, 겨우 바닥을 찍고 상승하나 싶었지만 1993년 8월, 대통령은 긴급재정경제명령을 발표했다. 모든 금융 거래는 실명으로 해야만 한다는 금융실명제의 시작이었다. 무려 1천 개가 넘는 종목이 하한가를 때려 맞았다. 지수는 7백 대에서 660포인트까지 떨어졌다. 1994년에는 성수대교가 무너졌고, 1995년에는 삼풍백화점이 붕괴됐다. 1997년에는 IMF가 세상을 덮쳤다. 세상이 사람들을 죽음으로 떠밀고 있었다.

"그런데 직원들만 느끼는 게 아냐. 봐라, 네 전임자 죽었을 때 왜 바로 충원을 안 했겠냐? 회사가 바보가 아니거든. 수익률이 떨어지니까 직원 하나라도 나가주면 좋겠는데 직원 하나가 알아서 스스로 상장 폐지됐네? 입 하나 줄었네? 회사 입장에선 땡큐거든. 그런데 결원이 생겼을 때 사람을 안 뽑고 내버려두다가 최근에 널 뽑았잖아. 왜겠니?

회사도 안다 이거야. 아, 시장이 바닥을 찍었구나. 이제 다시 돈이 돌아오겠구나, 그러니 사람이 필요하겠구나, 딱 안다는 거지. 너 여기 우리 회사 윗대가리들 다 멍청해 보이지? 그런데 말이야, 그 사람들은 직원들이 수없이 갈려 나가고 죽어 나가는 와중에도 끝까지 버틴 사람들이야. 이 바닥에서 버텼다? 버텨서 그 나이까지 자리를 차지하고 있다? 그렇다는 건 전투력이 세다는 거야. 살아남았다는 건 강하다는 거거든.”

그날 선임은 울분에 찬 듯 많은 말을 했다. 누군가의 부고가 바닥을 찍고 턴하는 시그널이란 걸 그날은 받아들이지 못했지만, 실제로 시장은 반등했다. 그때 노경우는 서른 살이었다. 시장이 회복되고 한창 장이 좋을 때 선임은 퇴사했다. 이유를 물으니 살아서 회사를 나가고 싶었다는 답이 돌아왔다.

혼자 남은 노경우는 증권가에서 버티며 잔뼈가 굵었고, 나름의 요령을 터득하게 됐다. 퇴사한 선임은 짐짓 강한 체하며 약한 자신을 포장했지만, 노경우는 성공과 돈에 대한 욕망이 컸기에 선임과는 다른 길을 걸었다. 선임이 위악을 부리며 센 척을 했다면, 노경우는 욕망을 숨긴 채 선한 사람으로 스스로를 포장했다.

노경우는 여의도의 부처로 불렸다. 후임의 실수에도 노경우는 웃었다. 선임에게는 깍듯하고 낙하산으로 꽂힌 윗선에도 입안의 혀처럼 굴었다. 남들과 다르게 노경우는 주식 투자를 하지 않았다. 실적이 뛰어난 그가 투자에 일절 손을 대지 않는 걸 두고 사람들은 의아해했지만, 노경우는 고객들의 이익에만 전념하기 위해 개인 투자는 금하고 있다고 답했다. 본인이 투자에 뛰어드는 순간, 불건전 영업에 빠질 위험이 있다는 이유에서였다. 하지만 노경우는 자기 명의의 계좌가 아닌 처남 명의를 빌려 투자를 하고 있었다. 노경우는 살아남기 위해 악해질 필요는 없다고 생각했다. 그저 조금 영리해지면 될 뿐이었다.

노경우는 금융실명제와 IMF때도 꿋꿋이 버티고 살아남았다. 1999년 말 코스피는 다시 1,000포인트를 넘겼다. 노경우는 운이 좋았다. 2000년대 닷컴 버블 직전, 노경우는 손을 털었다. 사실 노경우가 닷컴 버블의 붕괴를 예언하고 발을 뺀 건 아니었다. 처남이 호기롭게 시작했던 식당이 2년을 채 못 버티고 깔끔하게 망해버렸기 때문이었다. 노경우의 아내는 자신의 동생에게 도움을 주기를 원했다. 종목 이름에 IT만 붙으면 개나 소나 오르는 시절이었지만, 노경우는 아내의 말을 무시할 수 없었다. 처남 명의로 투자하고 있었기에 계속 고집을 부릴 수도 없었다. 노경우는 쓰디쓴 입맛을 다시며 가진 종목을 청산했다. 하지만 그 직후 닷컴 버블은 처참하게 무너져 내렸다. 정말 운이 좋았다고밖에 말할 수 없는 상황이었다.

그리고 2001년 9월 11일, 뉴욕의 세계무역센터가 테러 공격을 받았다. 삼십 대 후반이 된 노경우는 비행기가 세계무역센터에 내리꽂히는 걸 보며 뉴스인지 영화인지 분간할 수 없었다. 전 세계 주식시장은 다시 끝없이 아래로 처박혔다. 하지만 노경우는 이때도 운이 좋았다. 십여 년간 이 바닥에서 버티면서, '하락은 곧 기회'라는 걸 체감했기 때문이다. 노경우는 헐값이 된 주식을 긁어모았다. 테러 다음 해인 2002년 4월까지 코스피는 460포인트에서 930포인트 수준까지 상승했다.

노경우는 생각보다 많은 돈을 벌었다. 엄밀히 말하면 노경우 개인의 실력보다 장 자체가 온통 빨간빛으로 상승을 그릴 때였기 때문에 어지간히 멍청한 짓만 하지 않는다면 쉽게 돈을 벌 수 있었다. 그 누구든 시장을 초월할 수 없다. 장이 좋을 땐 누구나 유능한 투자자가 된다. 반대로 하락장일 땐 투자의 천재라 하더라도 손실을 피해갈 수 없는 법이다.

하지만 운이 좋아 기가 막힌 매도 타이밍에 빠져나간 덕분에 돈을 벌어들인 노경우는 점점 자신의 실력으로 부를 이뤘다고 착각하기 시작했다. 절박한 이는 살길을 찾기 위해 몸부림치며 노력하지만, 다 이뤘다고 생각하는 이는 자신이 마음만 먹으면 뭐든 다 이룰 수 있다는 착각의 늪에 빠진다.

노경우에게는 재력뿐만 아니라 인형의 집처럼 반짝반짝 빛나는 가정도 있었다. 아내는 노경우에겐 트로피와도 같았다. 그녀는 노경우보다 학벌도 좋았고, 두 번째 부인이 아닌 단 한 명의 어머니 밑에서 사랑받으며 자란 사람이었다. 삶에 안정을 찾은 노경우는 아버지와 어머니를 가끔 찾아뢰었다. 아이가 태어나자 노경우는 아버지가 되었고, 노경우의 아버지는 할아버지가 되었다. 손자를 품에 안은 할아버지는 세상 행복한 표정이었다. 노경우는 속으로 생각했다. 조금만 더, 조금만 더하면 된다고. 조금만 더 벌면 된다고.

그러다 다시 하락장이 찾아왔다. 2002년 월드컵 4강 신화의 흥분이 채 가시기도 전인 2003년, 신용카드 대란 사태가 벌어졌다. 코스피는 다시 반으로 접혔다. 고객들 몇몇이 회사로 찾아와서 내 돈 돌려내라며 악을 썼다. 잘될 때는 '전문가님'이라며 극존칭을 붙이던 이들이 '노경우 이 새끼 어디 갔느냐'며 패악을 부렸다. 하지만 고객들 손실이 문제가 아니었다. 노경우가 차명으로 관리하던 계좌 역시 걷잡을 수 없는 손실을 기록 중이었다. 이번만큼은 운이 좋지 못했다.

회사의 수익률도 곤두박질치고 있었다. 매출이 안 좋을 때 가장 쉽게 손실을 만회하는 방법은 입을 줄이는 거였다. 자리를 지키기 위해 서로 눈치를 봐야만 하는 분위기가 생겼다. 하락장의 초입이었기에 누군가의 부고를 기다리는 것도 요원한 일이었다. 갑자기 회사에서 본인과 부인 명의 계좌 내역을 제출하라는 지시가 내려왔다. 무엇 하나 작은 빌미라도 잡을 모양이었다.

노경우는 당당했기에 본인과 부인 명의의 계좌를 제출했다. 하지만 이 일이 오히려 노경우의 발목을 잡을 것이라곤 전혀 생각하지 못했다. 노경우는 본인과 부인의 계좌를 제출하며 내부정보를 활용한 투자는 일절 하지 않고 있음을 밝혔다. 하지만 어찌된 일인지 회사에서는 노경우가 처남 명의의 계좌로 투자하고 있다는 걸 이미 알고 있었다. 차명 계좌로 투자를 하고 있음에도 본인은 일절 투자 행위를 하지 않는다고 보고했으므로 거짓 보고를 한 꼴이 되었다. 회사는 이미 모든 걸 알고 덫을 놓은 것이었다. 노경우는 자발적으로 퇴사하는 것으로 처리되었다. 조용히 곱게 내보내 줄 테니 알아서 정리하라는 회사의 지시였음은 말할 것도 없다.

당시 사회를 뒤덮은 하락장의 분위기, 자신을 둘러싼 환경이 한순간에 바뀌며 주변 인물과의 관계가 리셋되는 고독과 고통의 시기, 그때야말로 삶을 리셋하고 대운을 받아들일 수 있는 기회라는 걸 노경우는 알지 못했다. 노경우는 자신을 찾아올 행운 대신 '화가의 길'을 택했다.

주식 작전 세력은 저마다 맡은 역할이 있다. 화가는 개미 투자자를 끌어모으기 위해 차트를 예쁘게 꾸미는 역할을 맡는다. 노경우의 고객이 '회장님'이라며 소개했던 이가 쩐주, 작전을 위한 돈을 대는 이였다. 회장님은 여의도 구석에 사무실을 얻고 법인 등록을 했다. 소규모긴 했지만 엄연한 투자 자문사의 구색을 갖춘 합법적인 회사였다.

노경우를 비롯한 작전 세력들은 코스닥 종목 중에서 시가 총액이 1~2백억 원 규모의 작은 회사를 선별했다. 시총이 낮은 회사일수록 호가창을 마음대로 조정하는 게 쉬웠기 때문이다. 작전을 걸 종목을 지정한 이들은 최대 주주를 섭외하거나, 주식을 야금야금 매집하여 최대 주주의 자리에 올랐다. 그들은 대표이사를 해임하고 바지 사장을 앉혔다. 개미 투자자들이 다 털려 떨어질 때까지 그들은 주가를 낮추고 또 낮췄다. 개미털이를 마치고 똥값이 된 주식을 그들은 다시 착실하게 매집했다. 그리고 때가 되자 행동을 개시했다.

평소 거래량이 많지 않은 종목은 호가 차이도 크기 않기에 돈을 들여 주식을 사들이면 금세 시뻘건 상승 차트를 그릴 수 있었다. 이미 기업 공시를 통해 회사에 호재가 있다는 식으로 밑밥을 던져둔 후였다. 그때그때 유행하는 신사업 진출 선언이나 중국 기업과의 계약 체결 따위를 발표하면 됐다. 어차피 있지도 않은 계약이거나 페이퍼 컴퍼니와의 계약이었지만 아무 상관 없었다. 거기에 더해 외국 계열 창구를 통해 주식을 매입한 후 사전 섭외한 몇몇 기자를 통해 '○○종목, 외국인 매수 유입' 따위의 기사를 내면 그만이었다.

상한가를 찍으면 흔히 말하는 '상따', 상한가 따라잡기 투자를 하는 개미들이 금세 달라붙었다. 상한가 러시는 며칠을 두고 계속 이어지기 마련이었다. 이때는 기업의 가치나 성장 가능성 따위가 주가를 끌어올리는 게 아니다. 상한가가 언제까지고 이어지리라는 투자자들의 욕심이 주가의 멱살을 잡고 끌어올리는 것이다. 이쯤 먹었으니 됐다고 중간에 빠지는 투자자는 아무도 없다. 계속 치솟는 주가를 보며 뒤늦게 달라붙는 개미들의 무게 때문에 차트가 휘어질 지경이 된다. 실상은 그들의 욕심의 무게가 붉은색 차트의 절정을 만들어내는 것이다.

이쯤 되면 화가인 노경우는 그저 구경만 하며 탈출할 시기를 저울질하면 된다. 세력이 빠져나간 자리에는 싱크홀처럼 바닥을 가늠할 수 없는 절망의 구렁텅이만 남는다. 그 시커먼 구멍에는 개미 투자자들의 회한과 눈물이 채워진다.

노경우는 몇 번의 작전을 통해 빠르게 돈을 불려 나갔다. 서울에 방 세 개짜리 아파트도 샀다. 회사에서는 법인 명의 고급 수입 세단을 내줬다. 노경우는 누구보다 열심이었고 돈을 모으는 데 진심이었다. 어느 정도 영향은 있었지만, 작전은 하락장에서도 진행 가능했다. 상승장에서는 더 불타올랐다. 시장 상황과 상관없이 돈을 긁어모을 수 있는 노다지나 다름없었다. 길고 또 길어도 바닥이 보이지 않는 화수분이라 생각했었다. 그랬다면 정말 좋았을 터였다.

"저기요, 검사님. 혹시 주식 투자는 해보셨어요?"

조사실에서 노경우는 맞은편에 앉은 검사를 향해 친절한 웃음을 지어 보이며 물었다. 노경우보다 일고여덟 살은 어려 보이는 뽀얀 얼굴의 검사였다.

노경우는 아버지와 학벌, 가난했던 집안에 대한 콤플렉스가 있었다. 분명히 좋은 대학 출신에 고생 없이 자라 공부 잘하고 시험도 잘 봤을 게 뻔한 어린 검사가 마음에 들 리 없었다. 노경우는 펜대만 굴린 검사 나부랭이가 자신보다 투자 시장을 잘 알 수 없다고 확신했다. 자본시장법이란 게 귀에 걸면 귀걸이, 코에 걸면 코걸이라는 걸 뻔히 알고 있었고, 대한민국이 사기나 금융 범죄에 관대하다는 것도 뻔히 알고 있었다.

하지만 노경우는 검사 앞에서 섣불리 잘난 척을 하면 안 됐다. 노경우를 담당한 검사는 나이보다 어려 보이는 얼굴 때문에 스트레스가 이만저만이 아니었다. 범죄를 저지른 인간들이 오히려 훈수를 두거나 은연중에 꼰대 짓을 하는 게 순하고 어려 보이는 자신의 인상 탓이라며 끓어오르는 분노를 평소에도 겨우 억누르고 있었던 차였다. 노경우는 불량한 죄질에 '괘씸죄'까지 덧붙여졌다. 검사는 징역 2년, 추징금 30억 원을 구형했다. 불행 중 다행으로 실제 선고는 검사의 구형보다는 현격히 낮았다. 노경우는 실형 6개월을 살고 나왔다. 짧다면 짧은 6개월 동안 노경우에게는 많은 일이 있었다.

아내의 변호사가 가져온 이혼 서류에 노경우는 순순히 사인을 했다. 노경우는 친권과 양육권 모두를 포기했다. 변호사가 전한 '범죄자의 자식으로 키우고 싶지 않다'는 아내의 말 때문이었다. 처음에 조사를 받으러 갈 때만 해도 노경우는 별일 없을 테니까 걱정할 필요 없다고 큰소리를 쳤다. 실형을 선고받은 이후 아내는 단 한 번도 노경우를 보러 오지 않았다. 아내가 아이에게 아빠의 부재를 어떻게 설명했는지 모를 일이다. 아내는 자존심이 강한 여자였다. 아빠는 멀리 외국으로 일하러 나갔다고 했을지, 그것도 아니라면 사고로 죽어버렸다고 했을지도 모른다. 평생을 반듯하게 살아온 아내와 처가 식구들은 노경우를 본인들의 삶에서 완전히 지워버렸다.

그리고 그 후로 노경우는 아버지가 돌아가실 때까지 아버지를 찾아뵙지 못했다. 보란 듯이 돈 잘 버는 막내아들이 되어 금의환향하고 싶었지만, 그 막내는 범죄자가 되어버리고 말았다. 처음 만났을 때 어딘가 모자라다고 생각했던 매형이 노경우에게 간혹 연락하곤 했다. 명절에 식구들이 모여 함께 먹었던 음식이나 장모님을 모시고 동남아 여행을 다녀왔다는 등의 이야기였다. 매형은 조금 더 열심히 노력해서 다음엔 동남아 말고 일본 여행으로 모시고 싶다는 말도 덧붙였다.

늘 조마조마하고 비루한 삶을 살아간다고 속으로 비웃었던 매형이었지만, 지금은 어느 누구보다 행복하고 편안해 보였다. 매형 곁에는 아내와 사랑하는 자식들이 있었다. 매형은 노경우처럼 자신의 부모님을 뵙는데 망설일 필요가 없었다. 오래 지나고 보니 비루하고 조마조마한 패자는 노경우 자신이었다. 누나와 매형은 노경우만큼 큰돈을 만진 적은 없지만, 노경우처럼 큰돈을 잃은 적도 없었다. 아무 일도 하지 않으면 아무 일도 일어나지 않는다고, 큰 수익엔 큰 리스크가 따르기 마련인데 예금이나 적금 따위로 어느 세월에 돈을 모으냐고 누나 부부를 비웃었지만, 정작 모든 것을 가진 건 누나 부부였고 모든 것을 잃은 사람은 노경우 자신이었다.

노경우는 그나마 남아있던 아파트를 판 돈을 아내에게

보냈다. 한때 남편이자 아빠였던 사람으로서 처음이자 마지막으로 보내는 위자료라는 마음이었다. 이제 지갑에 든 현금과 몇 장의 신용카드, 보잘 것 없는 은행 잔고, 몸에 걸친 옷가지가 노경우의 마지막 남은 재산이었다. 애초에 노경우가 끌고 다니던 수입차는 법인 명의였고, 찐주였던 회장님은 바지 사장을 세웠던 덕에 검찰의 조사에서 화를 면했다. 회장님은 상황이 좀 잠잠해지면 어딘가 새로 사무실을 얻고 새로운 이름의 법인을 차려 새로운 바지 사장을 세울 것이다. 화가가 되어줄 어리고 욕심 많은 이는 어차피 차고 넘칠 것이다.

모든 상황이 바뀌었고, 인간관계가 리셋되듯 정리되었으며, 극심한 고통과 고독이 몰려왔다. 노경우에게는 불행이 찾아온 것으로 보였겠지만, 반대로 두 번째 대운이 찾아드는 확실한 시그널이 등장한 셈이었다. 인간이 어찌할 수 없는 불가항력적인 결과들은 운이 작용한 것이다. 하지만 작전세력에 가담하고 수많은 개미 투자자들에게 피해를 입힌 것, 그로 인해 실형을 살고 이혼당한 것 등은 운이 아니라 노경우의 선택 때문에 벌어진 일들이었다. 노경우의 선택 때문에 벌어진 모든 일들이 리셋되어 다시 시작할 수 있고 채워질 수 있도록 비워진 이때야말로 새로운 행운을 맞이할 준비가 된 셈이었다.

노경우에게 첫 번째 대운이 찾아왔을 때는 증권사에서 자발적 퇴사를 빙자한 해고를 당했을 때였다. 하지만 노경우는 '자신에게 영향을 끼칠 사람'으로 쩐주인 회장님과의 관계를 선택했다. 노경우의 비틀린 욕망과 비슷한 욕망을 지닌 자의 손을 잡은 것이다. 그렇게 노경우를 찾아온 행운과 기회를 스스로 날려버린 것이다. 노경우에게 찾아온 두 번째 행운의 시그널, 그리고 전혀 예상치 못한 새로운 만남의 주인공은 태형도 익히 아는 사람이었다. 바로 태형의 어머니였다.

뿌린 대로 돌아온다

뿌린 대로 돌아온다

“네? 저희 어머니를 만나셨다고요?”

“참 신기한 우연이었죠. 모든 걸 정리했던 사십 대 초반이었으니 참 오래전 얘기네요.”

젊은 노경우는 신변을 모두 정리하고 나니 문득 바다가 보고 싶어졌다고 했다. 집도 처분하고 전처에게 송금도 마친 상황이었다. 지갑에 현금이 있었지만 무언가를 새로 시작할 만한 금액은 아니었다. 그저 편도로 어디론가 향할 수 있는 차비 정도에 불과했다. 집을 판 돈 전부를 아내에게 보낸 건 마지막 남은 자존심이었다. 인간 노경우는 아직 죽지 않았다, 가진 걸 모두 보내도 얼마든지 다시 시작할 수 있다는 허세 같은 거였다.

신입사원 노경우 앞에서 센 척을 하던, 위악을 부리던 선배의 모습이 떠올랐다. 프로처럼 보이고 싶어서, 이 바닥의 전문가처럼 보이고 싶어서 일부러 강한 척, 센 척하던 선배 말이다. 합의 이혼이었고 아내의 요구를 다 들어줬다. 그랬기에 아파트 매매 대금 전부를 아내에게 보낼 필요는 없었다. 아내 역시 전부를 바란 것도 아니었다. 하지만 약한 모습을 보이기 싫다는 생각에 저지른 행동이었다. 속된 표현으로 쪽팔리기 싫었다. 모든 걸 다 털어서라도 마지막 자존심만큼은 세우고 싶었다. 아직 어린 아들이 훗날 아빠였던 노경우를 기억할지 모르겠지만, 적어도 자신을 위해 모든 걸 남겨두고 떠난 아빠였다는 것만큼은 알아주기 바랐는지도 모른다.

행선지도 제대로 보지 않은 채 버스표를 끊고 자리에 앉으니 피곤이 몰려왔다. 죽음 같은 잠에서 깨어나니 버스는 이미 종착지인 시외버스터미널에 들어서고 있었다. 아무런 짐도 없이 몸만 내리는 건 노경우 혼자였다. 버스 승객

중 누군가는 마중 나온 가족의 품에 안겼고, 다른 누군가는 기대에 찬 총총걸음으로 택시 정류장으로 가서 택시를 탔다. 급히 갈 곳이 있는 모양이었다. 아무것도, 그 누구도 남지 않은 노경우는 터미널에서 나와 오른쪽으로 방향을 잡았다. 그리고 무작정 걸었다. 비릿한 바다 내음이 코를 찔렀다. 문득 바다를 볼 거면 동해로 갔어야 하는데 서해로 와버렸다는 걸 깨달았다.

하지만 어디든 상관없었다. 삶에 더 이상 미련 따윈 없었다. 강한 자가 살아남는 게 아니라 살아남은 자가 강한 거라던 선배의 말이 떠올랐다. 노경우는 불과 얼마 전까지만 해도 자신이 세상의 주인공이라 생각했다. 남들 눈에 눈물을 흘리게 했으면서도, 자신에게는 눈물 흘릴 일 따윈 없으리라 생각했었다. 결국 노경우는 피눈물을 흘릴 지경이 되어서야 자신처럼 어중이떠중이는 시장에서 도태되거나 사라지고, 끝까지 시장에 붙어 있는 사람이 결국 강한 사람으로 칭송받는다는 걸 비로소 실감했다. 하지만 이미 늦었다. 다 헛되고 부질없는 일로만 느껴졌다. 누굴 미워하거나 원망하는 것도 부질 없었다. 미움도 한껏 에너지를 끌어다 쓰는 일이다.

이제 노경우는 모든 걸 내려놓고 싶었다. 그만 쉬고 싶었다. 바다로 들어가 녹아서 없어져 버리고 싶었다. 물비린 내가 허공에 둥둥 떠다녔다. 한참을 걷다 보니 발이 아팠다. 어울리지 않게 양복 차림에 구두를 신고 있다는 걸 깨달았다. 수감되기 전 작전 세력의 화가로서 입고 걸치던 것들은 모두 비싸고 고급스러운 것들이었다. 좁은 고속버스 좌석에서 몸을 뒤척인 탓에 몸에 붙어 매끄럽게 떨어지던 맞춤 양복은 여기저기 주름지고 구겨져 있었다.

지나는 길에 노경우는 구멍가게에 들러 소주를 두 병 샀다. 까만 비닐 봉지에 담긴 소주는 좁은 공간이 부대낀다는 듯 서로 부딪치며 끙끙 앓았다. 노경우는 소주 한 병을 꺼내 병나발을 불었다. 잘 나가던 때 코스닥 상장기업 대주주들을 만나 법인카드로 접대하던 게 일과이던 시절, 노경우의 혓바닥은 부드러운 양주에 길든 상태였다. 소주같이 냄새나는 술을 어째 마시냐고 묻던 노경우였다. 하지만 노경우는 마치 생의 마지막 연주라도 하듯 치켜올린 소주병에서 입을 떼지 않았다.

얼마 걷다가 속에서 욕지기가 치밀어 올라 급히 손을

들어 입을 막았다. 먹은 게 없으니 게워 낼 것도 없었다. 목구멍이 쓰디쓴 걸 보니 위액이라도 넘어오는 모양이었다. 비싼 술과 고급스러운 음식으로 숨기고 있었지만, 노경우의 건강은 이미 상할 대로 상한 상태였다. 구역질을 간신히 참아낸 노경우는 걷고 또 걸었다. 허벅지가 묵직하게 땅겨와 더 이상 아무 생각이 떠오르지 않을 때까지 걷고 또 걸었다. 발이 너무 아파서 그저 한 발만 더 앞으로 내딛자, 뒷발을 한 번만 더 끌어당기자는 본능만 남을 때까지 걸었다.

몸이 너무 힘들다 보니 고꾸라졌다 폭등하는 파랗고 빨간 차트도, 6개월의 수감 생활도, 헤어진 아내와 아이 생각도 나지 않았다. 망해버린 인생 따위도 생각나지 않았다. 그저 어딘가 기대 쉴 수 있는 곳이 나올 때까지 걸어야 한다는 본능뿐이었다. 그저 영영 쉴 곳이 눈에 딱 나타나기만을 바라고 걷고 또 걸을 뿐이었다.

동해로 갔어야 했다. 어린 시절 교과서에서 서해는 조수 간만의 차가 크다고 배운 기억이 났다. 물은 이미 빠져 있었고 어둠 속에 드러난 사방이 온통 뻘밭이었다. 재수가 없는 놈이라 죽는 것도 어렵다고 헛웃음을 흘리던 노경우는 허름한 골목 안쪽으로 흘러 들어갔다. 밀물이 갯바위를 훑고 안쪽까지 흘러가 스며들 듯 노경우는 무언가에 이끌려 골목으로 들어섰다. 낡고 색 바랜 간판, 우화 속 꼬마 돼지가 얼기설기 지은 것만 같은 낡은 집들이 서로 어깨를 비비며 좁은 공간에 억지로 끼어들어 앉은 모습이었다. 골목의 풍경은 이미 몇십 년 전에 시간이 멈춰버린 것만 같았다.

노경우는 부끄러움도 잊고 길가에 쌓인 나무 상자에 털썩 걸터앉았다. 허벅지가 땅겨왔다. 남은 한 병의 소주를 다시 목구멍에 털어 넣다 구역질이 올라와 반 넘게 길바닥에 뿜고 말았다. 양복 소매로 입을 대충 훔쳤다. 피곤함과 취기가 몰려들며 저절로 고개가 꺾였다. 이제는 술병조차 너무 무거웠다. 손에 쥔 소주병이 노경우의 고개처럼 꺾여 흙바닥에 질질 술을 흘리고 있었다. 바닥에 떨어지는 술을 멍하니 바라보고 앉아 있는데, 맞은편 문이 열리더니 누군가 빠끔 고개를 내밀었다.

"그게 혜정 씨와의 첫 만남이었어요."

반나절을 함께 있던 남자의 입에서 어머니의 이름이

나왔다. 그가 어머니를 안다는 것보다 어머니를 이름으로 부른다는 게 더 놀라웠다. 기억 속 어머니는 '이혜정'이라는 이름 대신 어머니란 이름으로 평생을 살다 간 분이었기 때문이다. 어머니는 젊었을 적엔 '아기 엄마'로 불렸고, 시간이 더 지나자 '태형이네'로 불렸다. 아기 엄마든 태형이네든 누군가 어머니를 부를 때는 아들의 존재와 얽힌 이름으로 불렀다. 어머니를 이혜정이란 이름으로 불러주는 이는 아무도 없었다.

어머니가 시골에서 흔히 통하는 새댁으로 불리지 않은 이유는 미혼모였기 때문이다. 태어나고 보니 아버지는 없었다. 어머니는 핏덩이였던 태형을 데리고 바닷가 마을에 안착했다. 한국전쟁 당시 피난민들이 정착했던 동네의 사람들은 새댁 대신 아기 엄마로 어머니를 불렀다. 희미해져 가는 기억이지만, 대부분 가족을 잃거나 헤어진 피난민이었던 그들에게는 가족의 부재가 새삼스러울 것도 없었다. 그 누구도 아버지는 어디 갔느냐 묻지 않았다. 다들 그냥 그렇게 살아지는 것이라 생각하고 받아들였다.

노경우는 그날 혜정이 일하던 식당에서 첫 끼를 마주

했다. 식당 할머니는 밥값을 받지 않았다. 훗날 그때 왜 밥값을 안 받았냐고 물어보니 구겨진 양복을 입고 생선 상자에 주저앉아있는 꼴을 보니 눈에 초점도 없고 금방이라도 바다로 뛰어들 것만 같아서였다고 했다. 가게 앞에서 사람이 죽으면 재수 없으니까 밥 한 끼 챙겨 먹이면 정신이 돌아오지 않을까 싶어서라고 했다. 더 시간이 지난 후에야 진실을 알게 됐는데, 식당 맞은편에 넋을 놓고 한참이나 앉아 있는 노경우를 보고 혜정이 식당 할머니에게 부탁해서 식당에 들인 거라고 했다. 밥값은 혜정이 따로 계산했다고 했다.

어떻게든 살아 있기만 한다면 어떻게든 살아지는 게 인생 아니냐고 혜정은 말하곤 했다. 혜정은 자신의 얘기를 좀처럼 하지 않았지만, 뱃속에 아이가 없었다면 자신의 존재 따위는 진작 세상에서 지워버렸을지 모른다고 했다. 거울에서 늘 마주하던 '삶을 던져버리려는 이의 눈빛'이 노경우에게도 보여서 어떻게든 사람은 살려야겠다는 생각뿐이었다고 했다.

아이의 태동을 처음 느꼈을 때 혜정은 목 놓아 울었다고 했다. 내가 사는 게 나 혼자 사는 게 아니라 아이와 함께

사는 거라는 생각이 들어서, 어떻게든 살아야겠다고 다짐했다고 했다. 나쁜 생각을 했던 게 아이에게 너무 미안하고 미안해서 그 후로는 곱절로 더 열심히 살았다고 했다. 그러니까 일단 살아남으라고, 배불리 먹고 푹 자고 난 다음 죽을지 말지 고민해도 늦지 않을 거라고 했다. 배가 부르면, 푹 자고 일어나면 그래도 살만한 세상처럼 보일지도 모르는 거 아니냐고 말이다.

모든 걸 지우고 던지려고 결심했던 그날 밤, 김이 모락모락 올라오는 흰 쌀밥을 마주한 노경우는 속에서 뭔가 울컥 올라오는 걸 느꼈다. 깡소주를 들이부어 생긴 구역질이 아니었다. 반찬도 없이 따뜻한 흰 쌀밥을 입안에 넣고 오물거릴 때, 입안이 까슬거려서 쉽게 삼키지 못하고 쌀을 씹고 또 씹었을 때, 온몸에 쌀밥의 달콤함이 번져나갔다. 맨밥이 이렇게나 달다는 걸 노경우는 미처 알지 못했다. 비싸고 기름진 좋은 음식이 아니라 그저 밥상 어디에든 따라붙는 흰 쌀밥일 뿐인데도 단맛이 노경우의 혈관 곳곳을 돌며 힘을 불어넣고 응원하는 기분이었다.

식당 할머니는 노경우 앞에 노릇노릇 잘 구워진 생선을

내려놓았다. 납작하고 웃기게 생긴 처음 보는 생선이었는데, 그 동네에선 박대라 불린다고 했다. 생선살을 발라 숟가락에 소복이 쌓인 쌀밥에 얹어 입에 넣었다. 달았다. 달고 맛있었다. 걷기의 고통으로 번뇌를 잊었고, 한 숟가락의 다디단 쌀밥은 힘을 내어 살아야겠다는 마음을 먹게 만들었다.

1년 후 노경우는 그 식당을 다시 찾았다. 식당 이름도 기억이 나질 않으니 택시를 탈 수도 없었다. 시외버스터미널에서 지난 기억을 더듬으며 걸었는데, 생각보다 멀지 않다는 사실이 놀랍기만 했다. 한 시간이 채 걸리지 않는 곳에 식당이 있었다. 고작 4킬로미터 밖에 안 되는 거리이건만 1년 전에는 왜 그토록 힘들고 멀게 느껴졌는지, 숨이 붙은 몸뚱이가 그렇게 무겁고 부담스러웠던 것인지 새삼스러웠다. 늦은 저녁이 아니라 밝은 대낮이라는 것을 빼면 허름한 골목과 바닷가의 비린내는 여전했다.

점심시간이 훌쩍 지난 애매한 오후, 노경우는 식당 앞에 서서 한참을 망설이다 문을 열었다. 노경우를 알아본 혜정은 밝게 웃어주었다. 텅 빈 식당에서 혼자 식사를 하며 보니 혜정은 한쪽에 앉아 뜨개질을 하고 있었다. 작년의 환대에 고마웠다고 말하고 싶었지만 쑥스러운 마음에 우물쭈물하다가 어렵사리 입을 열었다. 고맙다고 바로 말하지 못하고 혜정이 뜨고 있는 옷을 핑계로 겨우 입을 연 것에 불과했지만 말이다.

"지금 입기에는 좀 덥지 않겠어요?"

"아, 이거요? 올가을에 입힐 걸 미리 짜는 거예요."

뭐라 대꾸해야 할지 몰라 말을 찾는 노경우를 보며 혜정은 말갛게 웃었다.

"우리 아들 입히려고요."

아이 옷을 뜨개질하는 혜정은 행복해 보였다. 노경우는 한참 망설이던 끝에 겨우 하고 싶은 말을 꺼냈다.

"작년에 감사했어요."

"네? 뭐가요?"

"작년에 처음 여기 왔을 때요. 저 사실 그때 내 인생은 끝이구나, 다 망했구나 생각했거든요. 그냥 다 끝내고 싶었어요. 인생이 꼬일 대로 꼬여 있었으니까요."

노경우의 말에 혜정은 뜨개질하던 옷가지를 들어 보여

주며 말했다.

"뜨개질할 때 말이에요. 실이 꼬여서 만들어지는 게 무늬예요."

노경우가 아무 말도 하지 않으니, 혜정이 말을 이었다.

"인생이 꼬일 대로 꼬였다니, 지금쯤은 아저씨 인생에도 멋진 무늬가 생겼겠네요. 원래 뜨개질할 때 가까이에서 보면 '와, 이걸 언제 다 짜나' 싶으면서 천 가닥 만 가닥 실밖에 안 보이거든요. 근데 한참 뜨개질하다 허리가 아파서 일어났다가 돌아올 때 멀리서 보면 어느새 멋진 무늬가 생긴 게 보여서 얼마나 기운이 나는지 몰라요."

속에서 뭔가 뜨거운 것이 올라왔다. 무심히 툭 던진 혜정의 말이 노경우의 메마른 마음을 홑이불처럼 덮어주었는데, 너무 오랜만에 느낀 안식이었기 때문이다. 노경우는 괜히 밥을 꼭꼭 씹고 또 씹었다. 나중에 주방에서 나온 식당 할머니가 노경우를 보곤 "한참 전에 왔는데 아직도 먹고 있어? 뭔 밥알을 세면서 먹나."라고 핀잔을 줄 정도였다.

혜정이 노경우를 가리켜 작년 늦은 저녁에 혼자 왔던 손님이라고 일러주자 할머니는 기억이 난 듯 "작년에 왔다가 죽지도 않고 또 왔네?"라고 말하며 웃었다. "그래도 옷을 잘 입은 걸 보니 각설이는 아닌가 보네."라는 말도 덧붙이셨다. 말해 놓고 보니 본인의 농담이 재밌었는지 혼자서 한참을 웃던 할머니는 밥알을 세는 거 아니냐고 핀잔하던 것과 달리 실컷 먹고 가라고 반찬을 두 번이나 더 갖다주셨다.

봄에 다녀갔던 노경우는 그해 9월 초 식당을 다시 찾았다. 이번에는 시외버스터미널 앞에서 택시를 잡았다. 행선지를 말해주는데, 택시 기사가 머뭇거리는 게 느껴졌다. 왜냐고 물으니 "손님이 가시려는 곳은 지금쯤 물에 다 잠겼을 거예요."라고 말하는 게 아닌가. 물에 잠겼다는 말에 화들짝 놀란 노경우는 어서 빨리 출발하라고 택시 기사를 다그쳤다.

택시는 식당 앞까지는 못 들어간다며 큰길에 정차했다. 거스름돈을 건네는 택시 기사의 손도 외면한 채 노경우는 황급히 식당을 향해 달려갔다. 반짝반짝 광이 나도록 닦은 구두가 바닷물에 잠겼다. 허름한 골목 곳곳은 이미 발목을 넘을 정도로 바닷물이 들어차 있었다. 길과 바다의 구분이 없었다. 대문을 넘어 방문 코앞까지 물이 닿았다. 빨간

대야 하나가 난파선의 조각처럼 길 위를 둥둥 떠다녔다. 식당에 도착한 노경우는 지난번과 달리 거침없이 문을 열어젖혔다.

혜정은 보이지 않았다. 이름을 모르니 부를 수도 없었다. 식당에는 아무도 없었다. 식당 바닥 역시 바닷물에 잠겨 찰박거렸다. 그때 안쪽에서 혜정이 얼굴을 쓱 내밀었다. 혜정은 노경우를 보곤 태평하게 웃었다.

"저기요, 여기 있으면 안 돼요. 위험해요. 얼른 피해야 해요."

노경우는 앞뒤 따질 거 없이 혜정의 손목을 잡았다. 혜정은 눈을 동그랗게 뜬 채 노경우를 바라보기만 했다.

"동네 전부 물에 잠기고 있잖아요! 어서 안전한 곳으로 피해야 해요. 뭐해요! 얼른 가자니까요?"

소란스러운 통에 안쪽에서 낮잠을 자던 식당 할머니가 고개를 내밀었다. 할머니 역시 혜정과 마찬가지로 세상 태평한 표정이었다.

"밥 먹으러 왔으면 앉지 왜 서서 그래?"

"아뇨, 어르신. 지금 밥이 문제가 아니에요. 여기 침수

되고 있잖아요? 어르신도 이럴 때가 아니라 얼른 피하셔야 해요.”

“응? 침수?”

“여기 물 들어찬 거 보고 놀란 것 같아요.”

혜정은 번역이라도 하듯 노경우의 걱정을 전달했다.

“난 또 뭐라고. 이거 백중사리라 그래.”

할머니는 알아듣지 못할 말을 하더니 다시 안으로 쑥 들어가 버렸다. 혜정도 수줍게 웃으며 자신의 손목을 잡고 있던 노경우의 손을 밀어낸 후 안으로 들어가더니 사각 쟁반에 찬거리를 담아 테이블에 하나씩 올려두었다. 노경우는 대체 이게 무슨 상황인가 싶어 혜정과 할머니를 번갈아 바라볼 뿐이었다.

알고 보니 이곳은 시에서 지정한 자연재해 위험지구였다. 백중사리, 그러니까 음력 7월 보름 밀물의 수위가 가장 높을 때 바닷물이 대문까지 들이닥친다고 했다. 연례행사처럼 해마다 한두 번 으레 발생하는 일이라 이곳 주민들은 물이 들어차면 평상에 모여 앉거나 집 나간 바가지 따위를 찾으러 돌아다닌다고 했다. 피난민들이 모여 이룬 동네의 오랜 역사만큼이나 마을이 물에 잠기는 일 역시 이들의 일상일 뿐이었다.

"물이 들이찬 걸 봤으면 쓰레빠를 신고 다녀야지, 왜 구두를 신고 있대? 하이고, 신발이랑 바지랑 다 젖었네."

식당 할머니는 혀를 끌끌 찼다. 괜히 혼자서 난리법석을 떤 것 같아 노경우는 부끄러움에 목까지 붉어졌다. 그날 노경우는 식당 할머니 이름이 신복순, 아기 엄마 이름은 이혜정이란 걸 알게 되었다. 음식을 차리면 신복순 여사는 안에 들어가 있곤 했는데, 이날따라 식사하는 노경우 옆에 의자를 갖다 놓고 앉더니 혜정이가 남편 없이 혼자 애를 키우고 있는데 아이가 어찌나 귀엽고 똘똘한지 모른다, 젊은 엄마가 손도 야무지고 참 괜찮다는 둥 묻지도 않은 시시콜콜한 얘기를 줄줄 늘어놓았다.

"그럼 그 이후로도 계속 저희 어머니를 보러 시골까지 가곤 했던 건가요?"

젊었던 노경우의 추억에서 빠져나온, 이제는 노년에 접어든 노경우가 고개를 끄덕였다. 백중사리 때마다 물에 잠기던, 어머니와 살았던 그 동네는 이미 오래전 정비되어 사라졌다. 신복순 여사는 동네를 떠나기 싫어했다. 용돈벌이에 불과한 식당을 계속 운영한 것도 동네와 집에 남은 정 때문이었다. 먼저 보낸 남편의 흔적, 그보다 더 먼저 보낸 자식의 흔적이 고스란히 남은 집이었다.

시의 정비사업 때문에 동네 전체가 허물어지고 그 위로 새로운 시설들이 뿌리내릴 터였지만, 신복순 여사는 집이 자신보다 먼저 사라지는 걸 원치 않았다. 남편과 아이를 앞세웠는데 추억이 남은 집마저 앞세우기는 싫었다. 신복순 여사는 정비사업이 본격적으로 시작되기 직전 세상을 떠났다. 잠든 사이 맞이한 평화로운 죽음이었다. 신복순 여사의 장례식엔 엄마를 따라온 태형도 있었다. 노경우는 장례식장에서 밤을 새고 발인까지 함께했다고 했다.

"실이 꼬여서 만들어지는 게 무늬다. 꼬일 대로 꼬여버린 내 인생은, 한 발만 떨어져 보면 아름다운 무늬로 가득차 있다."

노경우는 옛날 혜정이 했던 말을 읊듯이 되뇌었다.

"나는 쓰레기 같은 짓을 벌였어요. 그 대가로 수감 생활을 해야만 했고, 이혼을 당했고, 벌어들였던 모든 걸 잃었죠. 전처는 재혼했고 아이 곁에는 좋은 새아빠가 있다고 하더군요. 장성한 우리 아이는 새아빠를 친아빠로 여기며 살 거예요. 잘된 일이죠.”

잘된 일이라 말했지만 자식 얘기를 할 때 그의 표정은 씁쓸했다.

“그때 당시 나는 세상의 불행이란 불행은 모두 다 내 것이라고 여겼어요. 내가 저지른 잘못과 내 선택 때문에 벌을 받은 것에 불과한데도 세상이 날 버렸다고 생각했죠. 모든 환경이 바뀌었어요. 어제의 내가 아니었어요. 아내와 자식까지, 모든 인간 관계가 리셋됐죠. 고통과 고독뿐이었어요.”

“어르신에게도 새로운 행운이 찾아오기 위한 모든 조건이 갖춰졌던 셈이군요.”

“하지만 그 당시에는 전혀 깨닫지 못했어요. 내 삶에 영향을 끼칠 새로운 존재를 만나기 전까지 말이에요.”

그 존재가 어머니를 말하는 거냐고 물으려던 태형은 말을 입안으로 삼켰다.

“삶이 리셋되고, 혜정 씨를 만난 후 삶에 감사하게 됐어요. 하다못해 술에 취해 복권 한 장을 사더라도 이전에는 대박 나서 나 혼자 잘 먹고 잘살기 위해 샀다면, 혜정 씨를 만난 이후로는 어차피 꽝이더라도 복권을 사기 위해 쓰는 내 돈이 결국 복권 기금이 되어 도움이 필요한 곳으로 흘러들어간다는 생각을 하게 됐어요. 웃긴 얘기지만 없는 형편에라도 사소한 내 행동 하나가 누군가에게 도움이 됐으면 하는 간절한 바람이 있었죠. 마치 혜정 씨가 '실이 꼬여서 만들어지는 게 무늬다'라는 말을 해서 살아야 할 의지를 더 북돋워 줬듯이 말이에요. 나는 그런 멋진 말을 해줄 깜냥도 안 되고 당장 나 먹고 살기도 바빴지만, 내가 살아있음으로 누군가를 살아있게 만든다는 효용감을 느끼기 위해 노력했어요. 맞아요. 자기 효용감이에요. 형편없는 줄로만 알았던 나도 어느 한 구석이라도 쓸모가 있다는 효용감. 그런 효용감의 조각이 쌓여서 자존감이 되는 것이겠죠."

"그 과정에서 운이 들어올 때의 시그널을 깨닫고 느끼신 거로군요."

"참 신기한 일이죠. 인생의 바닥을 찍은 게 대운을 받아들일 수 있도록 다 비워진 상태라는 걸 깨달았으니까요."

"전 왜 어르신의 존재를 몰랐던 걸까요? 두 분의 인연이 이토록 오래됐을 거라는 건 전혀 상상도 못 했습니다."

"저에겐 혜정 씨였지만, 태형 씨에게는 어머니였기 때문 아닐까요?"

운이 들어왔을 때 노경우는 그 운을 기회로 받아들이고 움켜쥐었다. 그는 보란 듯이 재기에 성공했고, 이후로 쭉 속죄의 삶을 살았다. 불법은 쳐다보지도 않았으며, 남의 고통을 거름 삼아 자란 돈은 쳐다보지 않았다. 혜정을 처음 만나고 십여 년이 지나서야 노경우는 예전의 부를 되찾았다.

삼십 대의 노경우는 주식 시장에서 천국과 지옥을 맛봤으며, 사십 대는 다시 일어서기 위해 죽도록 노력하는 시기였다. 오십 대가 되어서야 노경우는 다시 빛을 보고 스스로 부자가 되었으며, 육십 대 초입이 되자 예전보다 몇 배의 자산을 모을 수 있었다. 그 사이 노경우는 태형의 대학 입학금과 등록금을 전액 지원하겠다고 나섰지만 혜정은 정중히 거절했다. 혜정이 병상에 누웠을 때, 병원비 일체를 감당하겠다는 제안도 혜정은 단호히 거절했다.

"이제 와서 염치없는 말씀이긴 합니다만, 어머니가 그

때 어르신의 제안을 받아들이셨으면 어땠을까 싶기도 하네요. 병원비가 부담스럽지 않았다고 한다면 그건 거짓말일 테니까요.”

아픈 어머니를 돌보기 위해 태형은 흔히 말하는 인서울, 나아가 좋은 대학에 입학이 가능함에도 지방에서 장학금을 받으며 기숙사에서 살았다.

평생 담배라곤 입에도 안 대셨던 어머니는 폐암에 걸리고 말았다. 폐암은 초반 증상이 두드러지지 않는 편이라, 증상을 자각할 때쯤이면 이미 늦은 경우가 많다. 다행히 어머니는 조기에 암을 발견하여 수술과 항암치료로 위기를 넘길 수 있었다. 하지만 몇 년이 지나지 않아 암은 재발하고, 간으로까지 전이되었다.

어머니는 어머니이자 가장으로 평생을 사셨다. 어머니가 편찮으시다는 건 가장이 쓰러진 것이므로 태형에게는 집안을 끌어나갈 돈이 필요했다. 장학금으로 삶이 해결되는 건 아니었다. 태형은 학창 시절 한 번도 장학금을 놓치지 않았고, 한 번도 쉬지 않고 계속 일을 했다.

최 이사의 농간으로 직장에서 해고당했으니 이젠 아무

런 미련도 남지 않았지만, 이전 회사에 입사했을 때 가장 좋았던 건 들어오는 돈의 크기가 달라진 것이었다. 아르바이트 시급에 비해 회사가 베푸는 월급은 팍팍하게 갈라진 가물은 삶에 단비나 마찬가지였다.

"신복순 여사가 돌아가시기 전에 혜정 씨를 붙들고 그런 얘기를 했다고 하더라고요. 노경우 괜찮은 놈이다, 라고요. 바닷가 식당에 세 번째 찾아갔던 날, 백중사리 즈음에 가게 바닥이 물바다인데 바짓가랑이 젖는 것도 모르고 혜정 씨가 걱정돼서 땀 뻘뻘 흘리며 뛰어온 걸 보니까 아주 나쁜 놈인 건 아닌 것 같다고 말이죠."

젊은 노경우를 회상하는 나이 든 노경우는 마치 소년처럼 해맑게 웃었다.

"혜정 씨한테 부끄럽지 않은 사람이 되려고 정말 열심히 노력했어요. 아니, 부끄럽지 않은 게 아니라 혜정 씨에게 자랑스러운 사람이 되고 싶었죠. 제게 전과가 있다는 것도 말했어요. 부끄러움과 잘못도 모두 알리고, 제가 진심이라는 걸 보여주고 싶었거든요."

젊은 노경우가 어떤 마음이었는지 알 것 같았다. 그리고 놀라웠다. 어머니에게 여자의 삶은 전혀 존재하지 않는 줄로만 알았다. 그걸 당연하다고 생각했던 나 자신이 부끄럽기까지 했다.

"진심을 다해 고백했는데 대차게 차였죠. 동정심이 아니라 연모하는 마음이라고, 차이고 나서 몇 달 뒤에 다시 한 번 고백했는데 대답은 다르지 않았어요. 가게에 물이 차오를 때마다 찾아가서 고백했더니 신복순 여사가 백중사리만 되면 실한 박대를 미리 준비하시기도 했죠. 어차피 차이고 돌아갈 거 맛있는 밥이라도 실컷 먹고 올라가라고요."

혜정은 어려운 삶에도 불구하고 노경우가 건네는 물질적 도움을 한사코 거부했다. 마음을 받아주는 것과 별개로 오랜 친구로서의 우정의 손길이라 말해도 소용없었다. 아무리 선의로 쌓은 도움이라 할지라도 받다 보면 빚진 마음이 들 거라는 이유였다. 혜정은 마음 한편에 빚진 기분이 들면 마음이 흔들릴지도 모른다고 했다. 마음이 흔들리면 어떠냐고, 흔들리면 흔들리는 대로 넘어오면 되는 거 아니냐고 노경우가 따졌을 때 혜정의 대답은 이랬다.

“안 돼요. 난 엄마니까. 난 우리 아들 잘 키우는 데만 집중하고 싶어요.”

나중에 혜정은 이런 말을 남겼다고 했다. ‘경우 씨는 내 삶에 영향을 끼친 좋은 사람이었다, 경우 씨를 만나고 알게 된 걸 보니 내가 정말 운이 좋은 게 분명하다, 초년에는 세상이 날 버린 줄로만 알았지만, 지나고 보니 난 정말 행운이 가득한 삶을 살았던 것 같다’고 말이다.

“혜정 씨는 학비며 병원비며 물질적 지원을 일절 거부했지만, 마지막을 예감한 상황에서는 제게 부탁을 하나 남겼어요. 세상에 혼자 남게 될 아들을 돌봐달라고, 학비며 병원비며 돕지 못해 아껴뒀던 거, 아들이 힘들고 도움이 필요할 때 잊지 말고 꼭 곁에서 지켜달라고요.”

반평생 어머니를 연모한 남자의 존재를 어머니는 아들인 나조차 모르게 했다. 어머니 뱃속에 내가 생겼을 때 어머니와 날 버린 남자에게 의리나 정 따위가 남아서 새로운 인연을 받아들이지 못한 건 아닐 것이다. 새아빠가 생긴다 해서 어머니를 원망할 일도 없고, 반대할 이유도 없었다. 하지만 어머니는 평생을 혼자 지내셨다. 그 이유는 다른 것도 아닌 나 때문이었다. 콧잔등이 시큰해졌다. 어머니는 돌아가시기 직전, 지구 주변을 맴도는 달처럼 어머니 주변을 지켰던 노경우에게 유언 같은 당부를 남겼다.

"내가 경우 씨한테 실이 꼬여서 만들어지는 게 무늬라고 말했듯이, 우리 아들 인생이 꼬일 대로 꼬였을 때 잊지 말고 다가가서 꼭 그 말을 전해주세요. 아들아, 한 발만 떨어져 보면 네 인생은 아름다운 무늬로 가득 차 있을 거야, 그러니 꼭 버티고 견디라고 말이에요. 나한테 경우 씨가 행운처럼 찾아왔듯이, 우리 아들에게도 경우 씨가, 그리고 더 좋은 인연과 기회가 행운처럼 찾아올 거라고 말이에요."

그 뒤에 들었던 말은 잘 기억나지 않는다. 주저앉아 우느라 아무 소리도 들리지 않았기 때문이다. 남자는 어머니 곁을 달처럼 맴돌았듯이 어머니가 돌아 가신 후로는 내 주변을 조용히 맴돌다가 내게 행운이 찾아왔음을 알려주기 위해 찾아온 것이었다.

그리고 1년 후

"선배!"

은서가 밝게 웃으며 뛰어온다. 저 웃음을 보면 하루의 피로가 싹 사라지는 것만 같다.

"바쁘다고 하지 않았어?"

"괜찮아요. 이번 건만 마무리하면 좀 살 것 같아."

처음 은서를 만났을 때, 은서는 내 눈을 제대로 바라보지도 못하는 사회 초년생이었다. 어느새 은서는 내게 반존대를 섞어 말하고 있다.

"그리고! 아무리 바빠도 선배 만날 시간은 낼 수 있지!"

"응? 그래? 별로 안 바쁜가 보네?"

"네? 저 엄청 바쁜데 어렵게 시간 낸 거거든요?"

짐짓 뾰로통한 표정을 짓는 은서를 보니 놀릴 맛이 있다는 생각이 든다. 작은 말과 표현 하나에도 즉각적인 은서의 반응을 보는 게 재밌다.

"근데 진짜 우리 회사로 올 생각 없어요? 생각보다 훨씬 괜찮은 곳인데."

"아직은. 조금만 더 시간을 주면 안 될까?"

"선배, 노는데 너무 재미 붙인 거 아니에요? 경력 단절이 너무 길어지면 안 좋은데?"

"그렇게 오래 걸리진 않을 거야. 경우 아저씨도 이제 거의 다 회복됐으니까."

최근 나는 성정미, 그러니까 '성공한 정상인 중 가장 미친놈'인 A사 대표로부터 이직 제안을 받았다. 아니, 그동안 쭉 백수였으니까 이직 제안이 아니라 입사 제안이다. 중간 관리자 공석이 생겼는데, 내가 적임자로 보인다고 했다. 이전 직장보다 직급이며 직위, 연봉까지도 한층 더 높아진 좋은 제안이었다.

하지만 최근 노경우 아저씨가 큰 사고를 당했다. 어머니 기일을 앞두고 어머니를 처음 만났던, 이미 사라져 버린 바닷가 마을을 찾아가던 중 발생한 차량 접촉 사고였다. 가해자의 졸음운전으로 추돌당한 아저씨의 차량은 쭉 미끄러져 전도된 채 갓길에 처박혔다.

경우 아저씨가 연세가 있다 보니 회복은 더디기만 했다. 간병인을 두었지만 계속 신경이 쓰인 데다 어차피 일도 없었으므로 아저씨의 입원실에서 시간을 보내곤 했는데, 퇴원 후에도 아저씨 댁에 놀러가서 식사도 챙겨드리고 말벗도 해드리는 중이다.

내가 기억하는 어머니와 경우 아저씨가 기억하는 혜정 씨는 같았지만 서로 달랐다. 회한 속에 어머니를 보내드렸다는 건 나나 경우 아저씨나 같았기에 두 남자가 다른 이름으로 불린 한 여인을 두고 추억을 나누는 셈이었다. 사소하지만 그런 순간들이 좋아서 입사 제안에도 고민할 말미를 달라고 한 것이다.

아저씨가 완전히 회복하실 때까지 이것저것 챙겨드리고, 운전도 대신 해드리는 게 좋았다. 겪어본 적은 없지만 아버지가 있었다면 이런 시간을 함께 보내지 않았을까 싶기도 했다. 게다가 경우 아저씨가 자기 일을 도와달라고 제안한 게 먼저이기도 했다.

"근데 경우 아저씨가 선배에게 제안한 일은 뭐예요?"

"자산관리와 투자 공부랄까."

"투자 공부? 요즘 같은 불경기에도 투자할 곳이 있나? 뭐지? 금? 미국 채권? 코인?"

"아니, 요샌 그냥 쉬는데?"

"뭐야? 아무것도 안 한다는 거예요? 그러면서 돈을 받는다고?"

"경우 아저씨가 입버릇처럼 하는 말이 있거든. 시장을 초월할 수는 없다, 쉬는 것도 공부다, 현금도 하나의 투자 종목이니 시장이 안 좋을 때는 현금을 쥐고 있는 것도 보수적인 투자다."

"뭐야, 왜 우리 대표님이 오라 해도 배짱을 튕기나 했더니 완전 좋은 자리는 따로 있었네."

"아냐. 그러잖아도 경우 아저씨에게 입사 제안 받은 걸 말씀드렸어. 이번 주말에 아저씨를 모시고 고향에 다녀오려고. 그러고 나서 출근할까 해."

"정말? 그럼 우리 같이 다니는 건가?"

"회사에 놀러 다니는 것도 아닌데 같은 회사 다니는 게 그렇게 좋아할 일이야?"

“뭐야, 선배는 안 좋아요? 나랑 같이 다니는 거?”

나는 대답을 피하고 웃기만 했다. 이미 1년 전 해고와 동시에 여자 친구에게 깔끔하게 차였다는 건 은서도 잘 알고 있다. 말하지도 않은 걸 어떻게 알았냐고 물었더니 핸드폰 바탕화면에 둘이 얼굴을 딱 붙이고 찍은 사진이 대문짝처럼 박혀있어서 모를 수가 없었는데, 퇴사 후 오랜만에 만났을 때 핸드폰 바탕화면에 랜덤으로 돌아가는 강아지와 고양이 사진이 있는 걸 보고 알아챘다고 했다. 핸드폰 단말기에서 기본 제공하는 이미지인 게 너무 티가 나서 촌스럽다는 말도 빼놓지 않았다.

“참! 경우 아저씨가 안부 전해달래.”

“그래서 선배는 나랑 같이 회사 다니는 거 좋다는 거야, 안 좋다는 거야?”

“너 인상 참 좋다고 하시더라.”

“뭐야, 왜 자꾸 말을 돌리는데?”

“꼭 백중사리 때 신복순 여사가 어떤 마음이었는지 알 것 같다고 하시더라고.”

"알아듣지도 못할 이상한 말만 하지 말고, 쫌!"

은서는 내 어깨를 손바닥으로 치며 신경질을 냈다.

"사람이, 응? 진지하게 말을 하면 쫌, 진지하게 받아들일 줄도 알아야지, 맨날 장난만 치고!"

더 내버려뒀다간 은서가 정말 화를 낼 것 같아서 웃음기를 거두고 말했다.

"나도 좋아."

"그러니까 뭐가 좋냐고! 말 좀! 똑바로! 하라고! 나랑 같이 회사 다니는 거 기대되고 신나고 설렌다고, 그 말을! 왜! 못하느냐고! 바빠 죽겠는데 시간 내서 보러 왔더니만!"

말 한마디 한마디를 할 때마다 은서가 날 내려친다. 은서의 손바닥이 너무 맵다. 그간 쌓아둔 감정을 한꺼번에 쏟아내는 것만 같다. 더 이상 버티기 어렵다. 더 이상 감정을 숨기기도 어렵다.

"나도 좋다고. 내가 너 좋아한다고."

"응?"

어깨를 향해 다가오던 은서의 손이 허공에 딱 멈춘다. 그뿐 아니라 주변의 시간도 멈춰 버린 것만 같다. 주변의 소음과 움직임이 느려지고 흐려지며 내 눈에는 은서만, 그리고 은서 눈에는 나만 남는다. 아무 대꾸를 못 하던 은서를 빤히 바라보다가 끌어당겨 안았다. 얌전히 내 품에 안긴 은서는 조금 있다 갑자기 웃음을 터트린다.

"뭐야, 장난치지 말라고 해서 진지하게 고백한 건데 설마 이 상황이 웃긴 거야?"

"아니. 좋아서. 좋아서 그래."

모든 게 엉망으로 무너져 내렸다고 생각한 순간, 모든 것이 무너져 내린 덕분에 새로운 행운을 받아들일 수 있도록 모든 걸 비우고 청소할 수 있었다. 세상 모든 존재에게 버림받았다고 생각한 순간, 가장 소중한 사람을 만날 수 있었다. 모든 게 그대로였다면, 이미 익숙해지고 적응한 환경에 파묻혀 있었다면 상상조차 못 할 일들이 지금 내 눈앞에 펼쳐지고 있다.

그리고 다음은 당신에게 행운이 찾아갈 차례다.

바로 당신, 여기까지 내 이야기를 들어준 당신에게 말이다.

사촌 동생은 심장이 좋지 않아 군대에 가지 못했다. 심장뿐 아니라 이제는 신장도 망가져 매주 투석을 받아야만 한다. 사촌 동생의 팔뚝에는 그간의 투석 흔적이 고스란히 남아있다. 울룩불룩하게 튀어나온 바늘이 꽂혔던 자리가 팔뚝을 뒤덮고 있다. 명절에 한자리에 모였을 때, 난 위로랍시고 이런 말을 건넸다.

"올림픽에서 금메달을 따야 군 면제를 받을 수 있는데, 넌 군 면제를 받았으니 금메달을 딴 것과 다를 게 없다."고 말이다. 평소라면 웃으면서 농담으로 받아쳤을 텐데, 사촌 동생은 금메달도 필요 없고 차라리 군대를 가도 좋으니까 이제 더는 안 아팠으면 좋겠다고 얘기했다.

체감하지 못하는 타인의 고통에 대한 섣부른 위로는 침묵보다 못하다는 걸 그때 느꼈다. 아픈 와중에도 늘 밝게 웃으며 농담하던 사촌 동생의 평소 성격을 잘 알기에, 사촌 동생의 표정에서 긴 병 끝에 찾아오는 지루하고 느리지만 확실하고 선명한 고통을 느꼈던 것도 사실이다.

작년 4월, 또 다른 사촌 동생이 사고로 세상을 떠났다. 공장의 기계가 갑자기 작동을 멈춰서 살피러 들어갔는데, 갑자기 재작동하는 바람에 일어난 압사 사고였다. 고용노동부의 통계에 따르면 2014년이 되어서야 비로소 한 해 동안의 산재 사망자 숫자가 1천 명 미만으로 떨어졌다고 한다. 매일 서너 명 이상 노동 현장에서 사고로 목숨을 잃었다는 얘기다. 2023년에는 598명의 노동자가 사망했는데, 처음으로 5백 명대로 낮아진 것이라고 한다. 2024년에는 1.5%(9명)가 줄어든 589명의 사망자가 발생했다.

미디어에서 접하는 숫자나 그래프는 우리 가족과는 아

무 상관 없는 이야기라 여겼는데, 물건이나 돈을 세는데 쓰일 줄 알았던 589란 숫자, 그중 하나에 사촌 동생의 목숨이 새겨졌다는 게 믿기지 않았다. 난 사촌 동생의 영정사진을 들고 가며 내내 울었다. 홀로 남은 다른 사촌 동생은 상주 완장을 찼고, 화장터에서 친형을 떠나보낸 후 병원으로 돌아가 투석을 했다. 더운 여름을 지나 추운 겨울이 지나고, 다시 봄이 되어 꽃이 피었다. 오랜만에 찾은 공원묘지에서 사진 속 동생은 여전히 웃고 있었다.

모든 슬픔과 불행에는 예고가 없다. 하지만 우리는 그럼에도 견디고 살아야 한다. 남편을 잃은 아내는 과부라 부르고, 아내를 잃은 남편은 홀아비라 부른다. 하지만 자식을 앞세운 부모를 일컫는 말은 사전 어디에도, 세상 그 어디에도 없다. 가장 큰 불효는 부모보다 먼저 세상을 뜨는 일이라고 하지 않는가. 부모가 자식을 앞서 보낸다는 건 말의 틀에 가둘 수 없을 정도로 애간장이 끊어지는 고통이기 때문에 자식을 앞세운 부모를 따로 부르는 말이 없는 것은 아닐까 감히 짐작해 본다.

처음 이 책의 집필 제안을 받았을 할 당시만 해도 내 삶에 이렇다 할 큰 변화는 없었다. 익숙하고 편안한 삶이었다. 하지만 그런 사이 많은 일이 있었다. 다른 원고를 집필하는 건 크게 어렵지 않았지만, '행운'을 키워드로 이야기를 써 나가기가 쉽지 않았다. 아직 나만의 행운을 찾지 못했는데, 내가 감히 행운에 대해 쓰는 게 맞나 싶었기 때문이다. 나는 처음으로 약속을 어기고 또 어기는, 마감을 지키지 못하는 게으른 집필자가 되어 있었다.

하지만 어느 순간 깨달았다. 생각하는 대로 살지 않는다면, 사는 대로 생각하게 된다는 폴 발레리Paul Valery의 말이 조금의 틈도 없이 내게 맞아떨어지고 있다는 것을 말이다. 자의와 타의가 섞인 생활환경의 변화, 그 뒤를 따르는 고통과 고독, 인간관계의 리셋에 이어 내게 영향을 끼칠만한 새로운 인물과의 조우. 마지막으로 감사와 헌신하는 삶까지. 이 모든 행운의 시그널들이 나에게도 벌어지고 있었다.

실제로 행운의 모든 단계가 내게 하나하나 벌어지는 중이다. 당장 해야만 하는 건 내가 잘할 수 있는 일을 마음을 다해서 하고, 내가 행한 일들이 시간 속에서 잘 흘러가게

두는 것이라는 사실을 깨달았다. 이 일들에 대한 결과는 인간인 나의 영역이 아니라 신과 운의 영역이라는 걸 나 역시 깊이 느끼게 되었다. 그 후에야 비로소 속도를 내고 원고를 마무리할 수 있었다. 때를 기다려준 정상희 대표와 한지윤 편집자에게 감사와 미안함을 전한다.

지금의 나는 결과가 아니라, 마음을 바치는 나의 일 자체만으로도 감사하고 충만하다. 그리고 애초에 이 책을 쓸 수 있다며 자신할 수 있었던 건 내가 만난 성공한 사람들과 그들의 경험, 그들이 성공에 이르기까지 견디고 버려야만 했던 마음에 깊이 공감하게 되었기 때문이다. 자신의 분야에서 일가를 이루었음에도 그저 '운이 좋았다'고 고백하던 이들 역시 불행의 가면을 쓴 행운의 기회를 만났고, 당장 본인이 선택한 일들이 행운으로 찾아오리라고 기대하지 못했을 것이다.

인정과 보상은 그저 부수적인 일로 여기고 자신이 할 수 있는 일을 성실히 하면서 결과인 신의 뜻을, 행운이 찾아오기만을 바랐을 것이다. 그렇게 되기까지 수많은 불면의

밤을, 초조한 낮을 보냈을 것이다.

기습처럼 다가오는 불행이 언제 어떤 얼굴로 다가올지 아무도 모르듯이, 행운 역시 정확히 언제 어떤 얼굴로 나와 당신에게 다가올지 아무도 모른다. 다만 우리는 그 과정 중에 필연적으로 나타나는 행운의 시그널을 분명히 짚고 넘어갈 수 있게 되었다는 걸 안다.

모든 위대한 일들은 하찮은 처음에서 비롯된다. 실이 꼬였을 때 비로소 아름다운 무늬가 되고, 나와 당신 그리고 우리는 분명 아름다운 무늬를 만들기 위해 꼬여가는 인생을 꼬고 더 꼬고 있을 것이다. 이런 오늘의 연속이 바로 삶이며, 그 삶이 백일이 되고 천일이 되었을 때 마침내 아름다운 작품으로 떠오르리란 걸 믿어 의심치 않는다.

그저 주어진 일을 잘하며 버티고 살아남는 것만으로도 우리는 위대한 결말을 맞이할 충분한 준비를 마쳤노라고 감히 말해본다. 모두에게 희망과 응원을 전한다.